Los Evangelios Gnósticos

Enseñanzas
secretas
de
Jesús

Ninguna parte de esta publicación, incluido el diseño de la cubierta, puede ser reproducida, almacenada, transmitida o utilizada en manera alguna por ningún medio, ya sea eléctrico, químico, mecánico, óptico, de grabación o electrográfico, sin el previo consentimiento por escrito del editor.

3ª edición: noviembre 2006

Diseño de portada: Francesco Mosca

© de la recopilación
David Gerz

© de la presente edición

EDITORIAL SIRIO, S.A.	Nirvana Libros S.A. de C.V.	Ed. Sirio Argentina
C/ Panaderos, 9	Camino de Minas, 501	C/ Paracas 59
29005-Málaga	Lomas de Becerra - Mixcoac	1275- Capital Federal
España	México D.F. 01279	Buenos Aires
		(Argentina)

www.editorialsirio.com
E-Mail: sirio@editorialsirio.com

I.S.B.N.: 84-7808-433-9
Depósito Legal: B-47.827-2006

Impreso en los talleres gráficos de Romanya/Valls
Verdaguer 1, 08786-Capellades (Barcelona)

Printed in Spain

Los Evangelios Gnósticos

recopilados
por
David Gerz

Enseñanzas
secretas
de
Jesús

editorial Sirio, s.a.

Introducción

En diciembre del año 1945 dos hermanos campesinos egipcios buscaban fertilizante natural cerca de la gran curva que describe el cauce del Alto Nilo junto a los acantilados de Jabal al-Tarif. Uno de ellos, Mohammed Ali al-Samman relató cómo tras desmontar sus camellos y ponerse a cavar y escarbar entre las rocas, su pala chocó de pronto contra un objeto duro que sonaba a hueco, perfectamente oculto entre unas piedras. Al retirar la tierra y las piedras, finalmente lograron desenterrar una tinaja de terracota cuidadosamente cerrada con una especie de plato pegado con pez. Al principio, Mohammed dudó en abrirla por la superstición de que en su interior pudiera haber un genio y que al salir éste llegara a dañarlos. Más tarde, armándose de valor y ante la esperanza de que pudiera contener oro, se decidió a abrirla. Sin embargo, en lugar del precioso metal, lo que encontró en el interior de la tinaja fue un conjunto de polvorientos libros de papiro, encuadernados en piel de cabra. En total se trataba de trece códices, que recopilan 52 textos, la mayoría de ellos desconocidos hasta entonces. Muchos de dichos textos estaban relacionados con la corriente mística y filosófica conocida como gnosis o gnosticismo.

El lugar del descubrimiento, cercano al pueblo moderno de Nag Hammadi, había sido conocido en la antigüedad con el nombre de Chenoboskeion («pastizal de gansos»). En aquella misma zona, San Pacomio fundó en el año 320 el primer monasterio cristiano del Alto Egipto, siendo los monjes de dicho monasterio quienes sobre el año 367 copiaron los códices que, dieciséis siglos más tarde, tras su descubrimiento por los mencionados hermanos, finalmente irían a parar a la tienda de antigüedades de Mansoor Abd el-Sayed, en El Cairo, donde, en marzo de 1946, los vieron Jacques Schwarz y Charles Kuentz.

El conjunto de estos documentos es conocido en la actualidad con el nombre de Biblioteca de Nag Hammadi y se conservan en el Museo Copto en El Cairo Antiguo. Todos ellos están escritos en copto, idioma que constituyó la etapa helenística de la antigua lengua faraónica y que fue evolucionando tras la invasión de Alejandro Magno en el año 332, hasta finalmente ser reemplazado por el árabe, el cual, después de la conquista musulmana ocurrida en el año 640, pasó a ser la lengua oficial de Egipto. El copto fue el idioma de la primitiva iglesia egipcia y sigue siendo todavía en la actualidad su lengua litúrgica.

El conjunto de manuscritos de Nag Hammadi nos da una visión muy clara del movimiento gnóstico. La meta de los gnósticos era la búsqueda del conocimiento, pero no un conocimiento común o mundano, sino de un orden elevado y trascendental. Ese conocimiento no podía ser adquirido mediante el estudio y la memorización de libros, aunque los seguidores de esta corriente mística sí compusieron bastantes libros para explicar la naturaleza de dicha gnosis espiritual. Precisamente el estudio de dichos textos nos ha permitido acceder a su creencia en un Dios trascendente,

Introducción

todopoderoso y bondadoso, cuya naturaleza es imposible captar con la mente humana, por lo cual es también esencialmente indescriptible. Sin embargo, esa Divinidad puede ser experimentada en la vida interior de la persona, ya que el espíritu que nos anima a cada uno de nosotros es de hecho la propia Divinidad, o una chispa de dicha Divinidad, un rayo de la Luz divina. La tragedia de la existencia humana es, sin embargo, que la mayoría de nosotros pasamos por la vida sin experimentar la realidad de esa Divinidad interior. Las distracciones, los placeres y los dolores del mundo exterior nos impiden volver nuestra atención hacia dentro de nosotros mismos, lo cual nos permitiría descubrir y experimentar la Verdad. Los gnósticos consideraban que el mundo, con todos sus peligros y sus distracciones, es una trampa mortal para quien busca el conocimiento verdadero. Es más, para ellos, el espíritu divino está preso en la cárcel formada por las pasiones del alma sensual y los elementos del cuerpo carnal. Las metáforas que los gnósticos utilizaban para describir el aciago destino del espíritu atrapado en la envoltura mortal son múltiples, pero básicamente consideraban que está dormido y en la oscuridad. Para liberarse, por lo tanto, necesita despertar y llegar a ver la luz. Esta transformación, según ellos, puede lograrse gracias a la ayuda procedente de Dios. Esa ayuda viene tanto desde dentro como de fuera. Para los gnósticos cristianos, la fuente de esa ayuda divina era el Cristo. Reclamaban una directa descendencia de los apóstoles y sus discípulos. Se consideraban custodios de los misterios internos de la cristiandad y poseedores de las claves espirituales que Jesús comunicó únicamente a sus allegados. El cristianismo gnóstico enfatizó el contenido filosófico de los evangelios e interpretó los dichos de Jesús, las parábolas, milagros, visiones y profecías del Nuevo Testamento de acuerdo con sus doctrinas esotéricas.

El nombre lo tomaron de la palabra *gnosis*, vocablo griego que significa conocimiento. Este término había sido ya empleado por diversas corrientes de la filosofía griega, sobre todo por los platónicos y los pitagóricos. Con esta expresión designaban ellos al conocimiento verdadero de la esencia de algo, por oposición al conocimiento de las apariencias de las cosas, sometido a los vaivenes del cambio. Es decir que el término gnosis exige un objeto al que referirse. Ese objeto en la mayoría de los textos gnósticos es Dios. La gnosis sería, pues, el conocimiento de Dios o de alguna propiedad de Dios, pero se trata de un conocimiento inmediato y absoluto, es decir, que es recibido a la manera de una revelación o una visión, sin necesidad de sucesivas y progresivas deducciones del entendimiento. Por tanto, es un conocimiento muy alejado de la manera racional y cartesiana a la que los europeos modernos estamos acostumbrados.

En este contexto, la contraposición entre fe (*pistis*) y conocimiento (*gnosis*) es mucho menor que entre las modernas fe y razón. Para los gnósticos, la gnosis y la fe buscaban el mismo objetivo: la redención del hombre y su vuelta al mundo de la luz (Pleroma), donde sería un ser divino. Los medios del gnosticismo para alcanzar ese objetivo eran diametralmente opuestos a los del cristianismo paulista, pues como se mencionó anteriormente los gnósticos creían en la posibilidad de alcanzar un conocimiento completo de la verdad mediante un despertar o una revelación inmediata, que ampliaría sus capacidades de comprensión hasta límites insospechados; sin embargo, para el cristianismo de Pablo –que fue el que finalmente se impondría entre las distintas corrientes cristianas de los primeros tiempos– sólo desde la fe otorgada por la gracia en el bautismo es posible esperar la salvación y la resurrección.

El error táctico de los gnósticos fue cuestionar la autoridad eclesiástica, algo por otro lado inevitable, pues el gnóstico es libre, y piensa libremente, además, como todo místico, está siempre en los límites de la ortodoxia. Es una situación semejante a la de la Cábala dentro del judaísmo

Introducción

o al sufismo en el Islam. El cristianismo acabó definitivamente con la gnosis cuando durante el reinado del emperador Teodosio (379 - 383 d.C.) la Iglesia Católica, que ya desde Constantino había empezado a ser vista con buenos ojos dejando de ser perseguida, se convirtió oficialmente en la religión del imperio. A partir de ese momento se ordena la persecución de todo tipo de herejía. Y es entonces cuando los gnósticos comienzan su calvario y cuando los obispos ordenan a los monjes que quemen todas las obras que contengan herejías contrarias al catolicismo oficial. Afortunadamente, los monjes de Chenoboskeion, que ya eran críticos con algunas actitudes de la jerarquía eclesiástica, en vez de quemar aquellos manuscritos gnósticos, los enterraron, lo cual ha hecho posible que llegaran hasta nosotros. De todas formas, las doctrinas gnósticas no desaparecieron, sino que tan sólo se eclipsaron algunas de sus tendencias para volver a aflorar en movimientos posteriores. En la Edad Media aparecieron grupos gnósticos de enorme pujanza, como los cátaros, y algunas de las doctrinas gnósticas incluso han sobrevivido hasta nuestros días.

Pero el hecho es que durante mucho tiempo el gnosticismo cristiano de los primeros siglos fue conocido sólo a través de los escritos de sus perseguidores, pues la práctica totalidad de sus textos había sido destruida. Por ello, los escritos de los padres de la Iglesia que refutaban las desviaciones y herejías en el seno de las comunidades cristianas fueron la única fuente de las primeras teorías sobre la naturaleza de la gnosis. Hasta 1945 los fragmentos conocidos de literatura gnóstica eran bien escasos, y se clasificaban según el lugar de conservación: el códice de Londres, el códice de Berlín y el códice de Oxford.

Los textos de Nag Hammadi han posibilitado una amplia reconstrucción del sistema gnóstico basada en sus propios términos, a diferencia de las tergiversadas y escasas referencias de que antes se disponía. Han permitido conocer de primera mano los sistemas, las cosmogonías, las reflexiones teológicas, los itinerarios de salvación y la concepción del hombre que tenían los gnósticos, además de reubicar la posición del gnosticismo en cuanto a su origen y su papel dentro de la Iglesia. Seguidamente presentamos algunos de los textos gnósticos más importantes incluidos en la biblioteca de Nag Hammadi, así como también el libro *Pistis-Sofía*, de enorme relevancia dentro del movimiento gnóstico.

El libro Secreto de Santiago

El Libro Secreto de Santiago es un texto bastante breve, incluido en el códice I de Nag Hammadi, también conocido como códice Jung. El eminente psicólogo suizo Carl Gustav Jung fue consciente del valor de dicho códice, tras haber sido éste negociado en vano en el mercado de los estudiosos especialistas. El Libro Secreto de Santiago detalla las enseñanzas secretas transmitidas por el Salvador después de resucitado, a los discípulos Pedro y Santiago.

El Libro Secreto de Santiago

2. Por haberme pedido que te enviara el libro secreto que el Señor nos reveló, a mí y a Pedro, cumplo tu encargo. Pero te escribo en caracteres hebraicos y te lo envío

exclusivamente a ti. Y, puesto que eres un instrumento de salvación para los santos, cuida celosamente de no comunicar a demasiadas gentes este texto que el Salvador ni siquiera deseaba fuera conocido por todos sus doce discípulos. Pero afortunados serán los que se salven por la fe de este tratado.

3. Hace diez meses, te envié también otro libro secreto que el Salvador me reveló. Pero, vistas las circunstancias, considero ese libro como revelación exclusiva que el Salvador me hizo.

5. Ciento cincuenta días después de que resucitara de entre los muertos, le preguntamos: «¿Te fuiste para dejarnos?»
Mas Jesús respondió: «No, pero me iré al lugar de donde he venido. Si queréis acompañarme, ¡venid!»

6. Y todos le respondieron diciendo: «Si nos lo pides, iremos». El Salvador dijo: «En verdad os digo: nadie entrará nunca en el reino de los cielos porque yo se lo pida, sino sólo si estáis henchidos de él. Dejad a Iago (Santiago) y a Pedro para que yo pueda henchirlos de ese reino». Y, tras llamar a éstos, se los llevó aparte, pidiendo a los demás que siguieran haciendo aquello en lo que estaban ocupados.

10. Mas yo le contesté: «No nos hables, Señor, de la cruz y de la muerte, porque está lejos de nosotros».
Y el Señor respondió: «En verdad os digo, que nadie se salvará si no tiene fe en mi cruz. Mas quienes tengan fe en mi cruz, para ellos será el reino de los cielos. Por eso os digo que os hagáis ávidos de muerte, de la misma manera que los muertos codician la vida, porque lo que buscan les será revelado. ¿Y qué podría perturbarlos? Mientras que vosotros, si consideráis la muerte, ella

os enseñará la buena elección. En verdad os digo que ninguno que tema a la muerte se salvará, pues el reino de la muerte pertenece a quienes por ellos mismos se han sumergido en la muerte. Haceos mejor que yo: ¡Haceos semejantes al hijo del Espíritu Santo!»

11. Y yo le pregunté entonces: «¿Señor, cómo seremos capaces de profetizar acerca de quienes nos piden que profeticemos sobre ellos? Pues muchos nos lo piden y se vuelven hacia nosotros para escuchar oráculos de nuestra boca».

12. El Señor respondió: «¿Acaso no sabéis que, con la cabeza de Juan, fue también cortada la cabeza de la profecía?»
Mas yo le dije: «¿Cómo es posible, Señor, cortar la cabeza a la profecía?»
El Señor respondió: «Cuando llegues a saber lo que quiere decir cabeza, y que la profecía procede de la cabeza, entonces comprenderás el sentido de la expresión se le cortó la cabeza. He empezado por hablaros en profecía y no habéis comprendido; ahora os hablo en claro y seguís sin entenderme. Como si fuerais vosotros quienes os sirvierais de mí a manera de parábola en las parábolas y como alguien que es claro en lo que es claro».

13. «Apresuraos, pues, a salvaros antes de que os veáis obligados a hacerlo. Estad, por tanto, atentos al acuerdo con vosotros mismos y procurad, si fuera posible, llegar a ello antes que yo, porque así el Padre os amará».
«Odiad la hipocresía y los malos pensamientos: pues es del pensamiento de donde nace la hipocresía, y la hipocresía está lejos de la verdad».

14. «No permitáis, pues, que el reino de los cielos se desvanezca, pues es como un plantón de palmera cuyos frutos se extienden a su alrededor. Le renacen hojas que, cuando echan brotes, consumen su vigor. Y lo mismo ocurre con los frutos que brotan de él: una vez cosechados, son comidos. Ciertamente eran buenos y, si se pudiera producir una nueva planta, la encontraríais».

16. «Cuidad la palabra. Pues la primera parte de la palabra es fe, la segunda amor, la tercera obras; de las tres, viene la vida. Porque la palabra es como un grano de trigo; cuando alguien lo siembra es que tiene fe en él; y cuando germina, lo ama porque aparecen varios granos en lugar de uno solo. Y cuando labora, se salva porque del grano hace alimento dejando, de nuevo, algunos otros para sembrarlos. Y también vosotros, así, podéis recibir el Reino de los Cielos. Sólo si recibís este verdadero conocimiento, seréis capaces de encontrarlo».

18. «Confiad, pues, en mí, hermanos míos; sabed qué es la gran luz. El Padre no me necesita; porque un Padre no necesita del hijo, es el hijo el que necesita al padre. Hacia Él voy, porque el Padre del Hijo no necesita de vosotros».
«Escuchad la palabra, aprended la gnosis, amad la vida y nadie os perseguirá, nadie os oprimirá, sólo vosotros mismos».

19. «Oh, vosotros, miserables; oh, vosotros, desgraciados; oh, vosotros, que reivindicáis la verdad; oh vosotros, falsificadores; oh vosotros, pecadores contra el espíritu, ¿seguiréis escuchándome ahora que tenéis la ventaja de poder hablar primero? ¿Seréis capaces de seguir durmiendo ahora que podéis estar en vigilia desde el principio, de manera que el reino de los cielos

pueda recibiros? En verdad os digo: más fácil es para un puro incurrir en mancha, y para un hombre de luz caer en las tinieblas, que para vosotros reinar o no reinar».

21. «Así pues, me marcharé y os dejaré; no quiero estar más tiempo entre vosotros, de la misma manera que vosotros no deseáis que me quede. Por eso, ahora, seguidme ya».
«Pues os digo: si he descendido, es a petición vuestra. Vosotros sois los amados, aquellos a quienes muchos deberán la vida. Invocad al Padre, implorad frecuentemente a Dios, y él os satisfará. Bendito sea aquel que os vio antes que yo y fue magnificado entre los ángeles y glorificado entre los santos: vuestra es la vida. Regocijaos y sed felices como hijos de Dios. Haced su voluntad, y os salvaréis. Aceptad las adversidades que os mande y preparaos la salvación. Que yo intercedo en vuestro favor cerca del Padre y él os perdonará muchas cosas».

23. Tras oír estas palabras, caímos en la desolación. Mas, cuando tan desolados nos vio, dijo: «Por eso, quiero deciros lo que por vosotros mismos podréis saber. El Reino de los Cielos es como una espiga de trigo que acabara de surgir de la tierra. Cuando ese trigo madure, dará sus frutos y llenará el campo de espigas durante otro año. Así también, procuraos lo antes posible una espiga de vida para ser colmados por el reino».

24. «Y, mientras yo esté con vosotros, ocupaos de mí y obedecedme, pero, cuando me separe de vosotros, acordaos de mí. Y acordaos de mí porque estuve con vosotros y no me conocisteis. Felices aquellos que me conocieron; desgraciados aquellos que me oyeron y no me creyeron. Benditos sean quienes, sin verme, creyeron en mí».

25. «Una vez más, os digo que soy superior a vosotros, pues me he revelado a vosotros edificando una casa que tiene gran valor, pues en ella habéis podido cobijaros, y, si amenazara con hundirse, podríais quedaros cerca de la casa de vuestro vecino. En verdad os digo, desgraciados aquellos por amor a los cuales yo descendí a la Tierra; benditos sean los que se alcen hacia el Padre. Una vez más, a vosotros, los que existís, os repruebo: transformaos en aquellos que no son, para que podáis ser con ellos».
«No hagáis del reino de los cielos un desierto en vosotros. No presumáis de la luz que os alumbra. Sed para vosotros lo que para vosotros soy yo. Pues si me he puesto manos a la obra, es para que os salvéis, y es por vosotros».

28. Y después de pronunciar estas palabras, se fue. Y entonces, nosotros, Pedro y yo, nos arrodillamos en acción de gracias y nuestros corazones se alzaron al cielo. Escuchamos con nuestros oídos y vimos con nuestros ojos; se produjo como un ruido de batalla, sonidos de trompeta y un gran tumulto.

29. Y, cuando hubo desaparecido, alzamos aún más nuestros espíritus y vimos con nuestros propios ojos, y escuchamos con nuestros propios oídos himnos, bendiciones y alborozo de los ángeles. Y las majestades celestes cantaban alabanzas, y nosotros, gozosos, nos regocijamos también.

30. Después de lo cual, aunque nosotros hubiéramos deseado alzar aún nuestro espíritu hacia lo Muy Alto, nada pudimos oír ni ver, puesto que los demás discípulos nos llamaban preguntándonos: «¿Qué habéis oído de boca del Maestro? ¿Qué os ha dicho? ¿Adónde ha ido?».

31. Y nosotros les respondimos: «Ha ascendido formulando votos por vosotros, prometiéndonos la vida a todos y revelándose a nosotros, a nuestros hijos y a todos los que nos seguirán, después de pedirnos que les amáramos para así salvarnos, ellos y nosotros».
Después de haber oído esto, creyeron en la revelación, pero se afligieron por los que iban a nacer. En vista de lo cual, para no aumentar su insatisfacción, envié a cada uno de ellos a un lugar diferente. En cuanto a mí, fui a Jerusalén, rezando para que los que vengan me favorezcan con un poco de amor.

El Evangelio de la Verdad

El texto del Evangelio de la Verdad procede del Códice I de la Biblioteca de Nag Hammadi. Se encuentra tras el Libro de Santiago, en un intento, por parte del copista, de organizar los textos temáticamente. De este evangelio se tenían noticias desde antiguo pero no existía copia o fragmento conocido hasta el descubrimiento de Nag Hammadi. Su autor es Valentín y el original fue escrito en el siglo II. En general, se encuentra muy bien conservado, por lo que las lagunas son muy pocas y fácilmente se han podido reconstruir.

Entre las singularidades que se pueden observar destaca el tratamiento del misterio del Hijo. Lejos de estar expresado en términos históricos se revela como una impactante realidad actual y omnipresente, dotándolo de un sentido gnóstico grandioso. El Evangelio de la Verdad es un tratado de alta psicología trascendental. Los acontecimientos revelados hay que ubicarlos en el espacio psicológico del individuo, habiendo sido escritos por quien ha vivido en sí mismo todo el proceso.

Los Evangelios Gnósticos

Su autor

Valentín nació en el año 85 d. C. en Phrebón, en el litoral de Egipto. Tras predicar su doctrina en Alejandría se trasladó a Roma donde permaneció casi treinta años (del 136 al 165). Su influencia en la gnosis fue enorme pues supo adaptar el lenguaje del Nuevo Testamento a sus enseñanzas. Según Ireneo, su habilidad como orador le permitió reunir muchos adeptos, tantos que se llegaron a formar dos escuelas de discípulos suyos, una oriental y otra occidental. Valentín hacía una clara distinción entre profanos e iniciados. Su doctrina no desentonaba de la ortodoxia, ya que su gnosis esotérica quedaba reservada para una minoría preparada.

Escribió salmos, homilías y una serie de cartas, que se han perdido. Además del Evangelio de Verdad se conservan algunos fragmentos suyos en la obra de Clemente de Alejandría. Murió, finalmente, a los setenta y tres años, tras ganarse tres excomuniones y la feroz oposición de la Iglesia romana. El sistema valentiniano es de los más complejos y elaborados de la gnosis. Para él, ésta es el conocimiento de los orígenes celestiales del hombre y de su fin: la vuelta a la esfera celestial. El paso por este mundo de abajo es para el hombre un tiempo de embriaguez, de sueño, de ignorancia y de ceguera. La conversión gnóstica es una conversión a su profundo ser, un restablecer lo que le es propio y, de este modo, una fusión en el gran todo divino. El gnóstico «despierta» y su alma toma conciencia de su dimensión superior «pneumática». La luz que ilumina este conocimiento es Cristo, con el que los valentinianos quieren identificarse.

El Evangelio de la Verdad

1. El Evangelio de la Verdad es alegría para quienes han recibido del Padre de la verdad el don de conocerlo, por el poder del Logos que viene de la plenitud que existe dentro del pensamiento y la mente del Padre. Éste es quien es llamado el Salvador, pues su obra es trabajar por la Salvación de los que se habían separado del Padre.

2. Este Evangelio es la manifestación de la Esperanza, a través del descubrimiento de sí mismos, para quienes lo buscan. Ya que la Totalidad le estaba buscando a Él de quien habían salido. Y la Totalidad estaba dentro de Él, el inconcebible, el incomprensible, el que está más allá de todo pensamiento. La ignorancia del Padre produjo ansiedad y miedo. Entonces la ansiedad se condensó como una niebla, de tal forma que nadie podía ver. De esta forma se fortaleció lo erróneo, trabajando su materia vanamente, por ignorar la Verdad, creando una obra fuerte y seductora, semejante a la Verdad.

3. Pero esto no fue ninguna humillación para Él, el inconcebible, el incomprensible. Pues esa ansiedad y ese ensueño y esa obra engañosa, no eran nada, mientras que la eterna Verdad es inmutable, inquebrantable y de una total belleza. Por eso, despreciad la obra engañosa. No tiene raíces y está nublada con respecto al Padre, maquinando actividades, ensueños y temores, para capturar a los que están en la transición y hacerlos cautivos.

4. El ensueño producido por el engaño no es una revelación, no es una [obra hecha] desde el Padre. El ensueño

no ocurre bajo la dirección de Él, aunque su primer origen está en Él. Lo que nace de Él es la Gnosis, que se manifestó para que el ensueño se disuelva y el Padre sea conocido. Puesto que el ensueño ocurrió porque se ignoraba al Padre, después, cuando el Padre se conozca, ya no habrá más ensueño.

5. Este es el evangelio de quien se busca a sí mismo, que se ha revelado a los perfectos por las misericordias del Padre, a través del misterio secreto: Yeshua, el Cristo. Él iluminó a quienes estaban en la oscuridad a causa del ensueño. Los iluminó y les mostró un camino y ese camino es la verdad que Él proclamó.

6. Por eso el Engaño se enfureció contra Él y lo persiguió para suprimirlo y eliminarlo. Fue clavado en un árbol y se hizo el fruto del conocimiento del Padre. No obstante, no causó la muerte a quienes lo consumieron, sino que a quienes lo consumieron les dio motivos de felicidad por tal descubrimiento. Porque Él los encontró dentro de sí mismo, y ellos lo encontraron dentro de sí mismos: al inconcebible, al incomprensible, al Padre, el perfecto que creó la Totalidad, dentro de quien la Totalidad existe y de quien la Totalidad tiene necesidad. Porque Él había retenido dentro de sí mismo el perfeccionamiento de ellos, el cual todavía no les había sido conferido.

7. Pero el Padre no es celoso, pues ¿qué envidia podría haber entre Él y sus miembros? Porque si el Eon (el Obstinado) hubiera prevalecido, no habrían podido venir al Padre. Por eso Él retiene dentro de sí mismo la perfección de ellos, dándosela en la medida en que retornan a Él, a través de un conocimiento (Gnosis) único. Él es quien creó la Totalidad, en el que está contenida la Totalidad y a quien la Totalidad necesita. Es

semejante a una persona a quien algunos habían ignorado, aunque Él desea que lo conozcan y le amen. Pues ¿de qué carecía la Totalidad, excepto del conocimiento del Padre?

8. Así el Logos llegó a ser el guía reposado y silencioso en el lugar de instrucción. El Logos vino a las escuelas y pronunció la Palabra como el maestro designado para ellos. Se acercaron quienes se consideraban a sí mismos como sabios, poniéndole a prueba, pero Él les confundió porque eran vanos. Ellos le odiaron, porque no eran verdaderamente sabios. Entonces, después de todos éstos, se acercaron también los niñitos, a quienes pertenece la Gnosis del Padre. Fortalecidos, conocieron las formas-del-rostro del Padre. Conocieron y se conocieron; se glorificaron y glorificaron. El viviente libro de la vida fue revelado dentro del corazón de ellos, el que está escrito en el Pensamiento Inmanente y la Conciencia del Padre y que desde antes del establecimiento de la Totalidad estaba en su Incomprensibilidad. Nadie puede tomar este (libro), porque fue reservado para el que lo tomará para ser muerto.

9. Ninguno de los que confiaban en la salvación podría manifestarse a menos que este libro hubiese aparecido. Por eso, el misericordioso y fiel, Yeshua, con paciencia acepta los sufrimientos para tomar este libro, ya que él sabe que su muerte es vida para la Totalidad. Tal como la fortuna del difunto dueño de la propiedad queda en secreto hasta que se abra su legado, igualmente la Totalidad queda escondida mientras el Padre de la Totalidad es invisible, el que es engendrado por sí mismo, de quien todas las dimensiones se originan.

10. Por eso se aparece Yeshua, vestido en aquel libro, clavado a un árbol, para publicar el decreto del Padre en la cruz. ¡Oh enseñanza sublime, por la que él se humilla a sí mismo hasta la muerte aunque vestido de vida eterna! Él quita los trapos de la mortalidad para ponerse esta inmortalidad, la cual nadie le puede quitar. Entrando en los espacios vacíos de los terrores, Él saca a quienes habían sido despojados por el ensueño. Actuando con conocimiento y perfección, Él proclama lo que hay dentro del corazón [... para] hacer sabios a quienes han de recibir la Gnosis. Pues quienes son instruidos son los vivientes, inscritos en este libro de la vida, quienes reciben la enseñanza sobre sí mismos por medio del Padre para volverse a Él de nuevo.

11. Ya que la perfección de la Totalidad deviene del Padre, es requisito que la Totalidad ascienda a Él. Cuando alguien posee la Gnosis, recibe las cosas que son suyas y las posee. Pues el ignorante es un menesteroso falto de muchas cosas, y lo más grande que le falta es aquello que lo debe perfeccionar. Dado que la perfección de la Totalidad deviene del Padre, es necesario que la Totalidad ascienda hacia Él y que cada parte adquiera lo que le pertenece. Él inscribió a la Totalidad (en el Libro) previamente, para darles (la Perfección) a éstos, que habían salido de Él. Todos éstos, cuyos nombres eran conocidos por Él de antemano, son llamados a Él. Así que, los que tienen la Gnosis son los que tienen un nombre dado por el Padre. Pero aquellos cuyo nombre no ha sido dado por el Padre, son las partes de la ignorancia.

12. ¿Cómo podrían responder aquellas partes cuyo nombre no ha sido pronunciado? Pues lo que es ignorancia hasta el final es un producto del ensueño, y será

disuelto con él. De otra forma ¿por qué motivo estas partes miserables no tendrían nombre y no serían llamadas?

13. Así la parte que posee la Gnosis, es de arriba. Cuando es llamada, oye y responde y se vuelve a quien la llama, ascendiendo a Él. Y descubre quién es el que la llama. Teniendo la Gnosis, cumple la voluntad de quien la llama. Desea agradarle, y recibe el reposo, su nombre propio se desvela. Quien posee esta Gnosis descubre de dónde viene y adónde va. Entiende como alguien que se emborrachó y que se ha sacudido su borrachera volviendo a sí mismo, para poner verticales esas cosas que son suyas.

14. Él (Yeshua) trae a muchos de vuelta desde el engaño. Previamente, Él entra en los espacios a los que sus corazones habían emigrado al extraviarse, debido a la profundidad de quien rodea todas las dimensiones sin ser rodeado. Es una gran maravilla que estuvieran dentro del Padre sin conocerlo y que pudieran apartarse hacia sí mismos, porque no podían ni comprender ni conocer a Él, dentro de quien estaban. Así la voluntad de Él todavía no había emergido desde dentro. Pues Él se reveló a sí mismo, para que todas sus emanaciones se reunieran con Él en la Gnosis.

15. Este es el conocimiento del libro viviente, por medio del cual al final el (Padre) se ha manifestado a los eternos como las letras de la revelación de sí mismo. Estas (letras) no son vocales ni consonantes, de tal forma que alguien podría leerlas y pensar en las cosas vanas. Sino que ellas son el alfabeto verdadero, que sólo pronuncian quienes las conocen. Cada letra es un pensamiento perfecto, cada letra es semejante a un libro completo, escrito en el alfabeto de la Unidad del Padre

para que las emanaciones conozcan, por medio de sus letras, al Padre.

16. Su sabiduría (Sofía) medita sobre el Logos, su enseñanza lo expresa, su conocimiento lo revela, su clemencia es una corona sobre ella, su alegría está en armonía con ella, su gloria la exalta, su imagen la manifiesta, su reposo la recibe en sí mismo, su amor hace un cuerpo sobre ella, su fe la abraza.

17. De esta manera, el Logos del Padre surge en la Totalidad como el fruto de su corazón y la forma-del-rostro de su voluntad. Él (Yeshua) sostiene a la Totalidad, les expía y además asume la forma-del-rostro de cada uno, purificándolos, trayéndolos de vuelta hacia el Padre y la Madre, Yeshua de bondad infinita. El Padre descubre su seno, que es la Espíritu Santa, revelando su secreto. Su secreto es su Hijo, para que por la misericordia del Padre, los eones dejen de inquietarse buscándolo al Padre y se ubiquen dentro de Él, sabiendo que esto es el reposo.

18. Cubriendo la Deficiencia, Él disuelve el Esquema. Pues el Esquema es el mundo en el cual se hizo esclavo, y la Deficiencia es el lugar de celos y disputas. Pero el lugar de la Unidad, es perfecto. Puesto que la Deficiencia se produjo porque se ignoró al Padre, en consecuencia cuando se conoce al Padre, la Deficiencia deja de existir. Tal como sucede con la ignorancia de uno, que una vez que conoce, la ignorancia se desvanece. O como la oscuridad se disuelve cuando brilla la luz. Así también la Deficiencia se disuelve cuando aparece la Perfección. Así desde ese momento en adelante ya no hay más Esquema, sino que se disuelve en la fusión de la Unidad. Porque ahora su

multiplicidad yace dispersa, mientras la Unidad va perfeccionando las dimensiones.

19. Cada uno se realizará a sí mismo en la unificación y se purificará desde la multiplicidad hacia la unidad en la Gnosis, consumiendo la materia dentro de sí como una llama, la oscuridad con la luz, y la muerte con la vida. Ya que estas cosas así ocurren en cada uno de nosotros, debemos estar vigilantes sobre todo para que la morada sea santa y esté en silencio para la Unidad.

20. Es semejante a quitar jarras defectuosas de sus sitios. Si se quiebran, el dueño de la casa no sufre ninguna pérdida. Incluso se regocija, porque esas jarras defectuosas se reemplazan por otras, llenas, que son totalmente perfectas. Esto es el juicio que ha venido de arriba, como una espada desenvainada de doble filo para cortar por los dos lados.

21. Cuando viene el Logos, el cual queda dentro del corazón de quienes lo expresan, no es un mero sonido, sino que toma cuerpo. Una gran perturbación sucede entre las jarras, pues he aquí unas se encuentran vacías y otras llenas, o sea, unas se habían provisto pero otras se habían derramado, por lo que unas son purificadas y otras quebradas. Todos los espacios tiemblan y se agitan, carentes de orden o estabilidad. El Engaño se angustia no sabiendo qué hacer, afligido y lamentándose y cortándose-el-cabello por no entender nada.

22. Entonces, cuando la Gnosis se acercó, aniquiló al Engaño con todas sus emanaciones. El Engaño es vano, porque no tiene nada dentro. La verdad apareció, y todas sus emanaciones la conocieron. Abrazaron al Padre y se unieron con Él en un poder perfecto. Porque cada uno que ama la verdad, se pega a la boca del

Padre por su lengua, recibiendo la Espíritu Santa. La verdad es la boca del Padre, su lengua es la Espíritu Santa. Esta es la revelación del Padre y su automanifestación a sus eones. Él ha revelado su secreto, explicándolo todo.

23. Pues, ¿quién es el existente, aparte del Padre solitario? Todas las dimensiones son sus emanaciones, conocidas al emerger de su corazón, como hijos que proceden de un hombre perfecto. Cada uno a quien el Padre engendra, no ha recibido ni forma ni nombre previamente. Entonces se forman por el autoconocimiento de Él. Porque aunque están en Él, no lo conocen. El Padre, sin embargo, conoce perfectamente a todas las dimensiones, las cuales quedan dentro de Él.

24. Cuando Él decide, manifiesta a quien quiere, dándole forma y un nombre. Y al llamarlo, Él hace que sean. Antes de que lleguen a ser, éstos ciertamente ignoran a quien los formó. No obstante, no digo que no son nada, quienes no han llegado a ser todavía, sino que preexisten dentro de Él, quien intentará que lleguen a ser cuando Él lo desee, como una estación que todavía no ha venido. (El Padre) conoce lo que va a producir en adelante, antes de que se manifieste. Mas el fruto que todavía no se ha manifestado, ni sabe ni consigue nada. Así, todas las dimensiones quedan dentro del Padre, el Existente, del cual emergen y son establecidas desde la no-existencia.

25. Quien carece de raíz también carece de fruto. Por más que piense: «Existo», será destruido en sí mismo. El que no ha existido en absoluto, nunca existirá. Entonces, ¿qué debe pensar de sí mismo? Esto: «Existo como las sombras y las fantasías de la noche». Cuando la Luz ilumina el terror que experimenta, comprende

que no es nada. Así son ignorantes del Padre, porque no lo ven. Puesto que hay miedo, turbación, inestabilidad, duda y división, son numerosas las ilusiones y ficciones vacías que se manifiestan en ellos, sumergidos en el sueño, conviviendo con sueños inquietantes.

26. Huyen hacia alguna parte, se voltean fatigosamente, tras perseguir impotentemente a otros, dando golpes o sufriendo golpes ellos mismos, cayendo de un lugar alto, o volando por el aire sin alas. A veces les parece como si fueran a asesinarlos, aunque nadie los persigue, o como si ellos mismos estuvieran asesinando a sus vecinos ya que son manchados con su sangre.

27. Una vez que los que están en esto se despiertan, nada de esto ven, aun cuando estaban inmersos en todas estas confusiones, puesto que no existen. Tal es la vía de quienes han desechado ignorancia, despreciando el sueño. Así tampoco consideran sus acciones como algo sólido, sino que las abandonan como un sueño tenido en la noche. Conocer al Padre conlleva el amanecer. Así ha hecho cada uno, durmiendo durante el tiempo en que era ignorante. Y este es el modo en que llega al conocimiento, despertándose. ¡Feliz quien llega a darse la vuelta en sí mismo y despierta! Y ¡bienaventurado sea el que abre los ojos del ciego! Y la Espíritu corre tras él, apresurándose para despertarlo. Tendiendo su mano a quien yace en la tierra, ella pone sobre sus pies a quien todavía no se ha levantado.

28. El conocimiento que da entendimiento es por medio del Padre y la manifestación de su Hijo. Una vez que lo han visto y oído, les concede saborear y oler y tocar al amado Hijo. Cuando aparece, instruyéndoles acerca del Padre, el incomprensible, Él sopla hacia dentro de

ellos el pensamiento de hacer Su voluntad. Cuando muchos reciben la luz, se vuelven hacia Él.

29. Pero los materialistas son ajenos y no ven su imagen ni le conocen, aunque Él (el Hijo) emerge en forma encarnada. Nada obstruye su camino porque la inmortalidad es indomable. Además, Él proclama lo que es nuevo, expresando lo que está dentro del corazón del Padre y poniendo de manifiesto el Logos sin defecto.

30. La luz habla por la boca de Él, y su voz engendra la vida. Él transmite el pensamiento de sabiduría, de misericordia, de salvación, del espíritu de poder, de la infinidad y la bondad del Padre. Él suprime castigo y tormento, porque éstos desvían de su rostro a quienes están en el error y la esclavitud, quienes tienen necesidad de misericordia, estos que se extraviaron de su rostro en engaño y esclavitud. Destruye a ambos (error y esclavitud) con el poder y los confunde con el conocimiento. Él llega a ser un sendero para los descarriados, conocimiento para los ignorantes, descubrimiento para quienes buscan, estabilidad para los vacilantes, y pureza inmaculada para los contaminados.

31. Él es el pastor que deja atrás las 99 ovejas que no están perdidas, para buscar a la que se había desviado. Y se regocija cuando la encuentra. Ya que 99 es un número que se calcula en la (mano) izquierda, la cual lo enumera. Pero cuando se añada 1, la suma entera pasa a la (mano) derecha. Así acontece con aquél al que le falta el Uno, el cual es la mano derecha entera. Él toma de la izquierda lo que es deficiente para transferirlo a la derecha, y de esta manera el número llega a ser 100. Pues la significación de lo que está dentro de estas palabras, es el Padre.

32. Incluso el sábado Él trabaja para la oveja que encuentra caída dentro del hoyo. Él restaura la oveja a la vida, trayéndola hacia arriba del hoyo, para que vosotros, Hijos del Conocimiento Interior, comprendáis este sábado en que la obra de la salvación nunca debe cesar, y para que habléis del día de arriba, que no tiene noche, y de la luz perfecta, que no tiene ocaso.

33. Hablad, por eso, desde vuestros corazones, porque sois este día perfecto y dentro de vosotros mora esta luz eterna. Hablad de la verdad con quienes la buscan, y de la Gnosis a aquellos que por engaño han errado el blanco. Sostened a quienes tropiezan, extended vuestra mano a los enfermos, alimentad a los hambrientos, regalad reposo a los cansados, levantad a quienes anhelan levantarse, despertad a los dormidos, porque vosotros sois la sabiduría que rescata.

34. Si obráis como fuertes, seréis también más fuertes. Atendeos a vosotros mismos y no os preocupéis con aquellas otras cosas que ya habéis echado fuera de vosotros mismos. No os volváis a lo que ya habéis vomitado para comerlo. No seáis como polillas o gusanos, porque ya habéis echado eso fuera. No os convirtáis en un lugar para el diablo, porque ya lo habéis eliminado. No reforcéis esas cosas que os llevaban a tropezar y caer.

35. El que busca el error se hace daño a sí mismo, más que daño al justo. Porque aquel actúa como alguien sin ley, mientras el justo efectúa sus obras para el bien de otros. Haced por eso la voluntad del Padre, porque sois de Él.

36. El Padre es bondadoso y su Voluntad es buena. Él ha tenido en cuenta lo vuestro, para que reposéis en Él. En sus frutos se reconoce a quienes le pertenecen.

37. Los Hijos del Padre son su fragancia, porque proceden de la gracia de su rostro. Por eso el Padre ama su fragancia y la manifiesta en todos los lugares. Y mezclándola con la materia, Él confiere su propia fragancia sobre la luz, y en su reposo la exalta encima de cada forma y cada sonido. Pues no son los oídos los que aspiran la fragancia, sino la respiración (espíritu) la que tiene el sentido del olfato y la aspira hacia sí mismo y se sumerge en la fragancia del Padre.

38. Por éste método Él la hace retornar al lugar de donde vino, aspirando la fragancia original que se había enfriado. Ésta era algo que, hablando de forma psíquica, se había convertido en algo parecido al agua fría sobre tierra suelta, de tal forma que quienes lo ven la consideran lodo. Entonces, cuando sopla una brisa cálida y fragante, se disuelve y evapora de nuevo. Así pues, la frialdad resulta de la multiplicidad. Por eso vino el que es fiel, para disolver la multiplicidad y traer la plenitud (Pleroma) calurosa del amor, para que el frío no vuelva, sino que exista la Unidad de la Conciencia perfecta. Éste es el significado del evangelio del descubrimiento de la plenitud (Pleroma) para los que esperan la salvación que viene de lo alto. Así que la esperanza de quienes están expectantes, cuya imagen es la luz que no contiene sombra es aquel momento en que la plenitud (Pleroma) sobreviene.

39. La Deficiencia de la materia no proviene de la infinidad del Padre, que viene en el tiempo de la Deficiencia, aunque nadie podría predecir que el Indestructible llegaría de esta manera. Pero la profundidad del Padre

sobreabunda, y el pensamiento del Engaño no puede existir junto a Él. Es un concepto para caerse uno postrado y es una idea para levantarse, el ser encontrado por Éste que viene para traerlo de vuelta. Este retorno es llamado Metanoia.

40. Por eso el Indestructible sopló, para irse tras el que ha errado, para que pueda tener reposo. Pues perdonar es quedarse atrás con la luz, el Logos de la Plenitud, dentro de la Deficiencia. Así, el médico se apresura a ir al lugar donde hay enfermedad, porque esto es el deseo de su corazón. Por esto el que es deficiente no se oculta del que tiene lo necesario. Así, la Plenitud (Pleroma), que no tiene ninguna deficiencia, es lo que (el Padre) regaló de sí mismo para llenar la Deficiencia, de forma que reciba el don.

41. Donde no existe el don, hay deficiencia. Cuando el don que estaba disminuido se recibe, (el Padre) revela lo que falta, haciéndose ahora Plenitud (Pleroma). Éste es el descubrimiento de la Luz de la Verdad, que amanece de su inmutabilidad. Por esto se invoca a Cristo, para que los angustiados puedan regresar. Él los unge con el óleo. Ésta es la compasión del Padre, quien tiene compasión de ellos, puesto que a quienes Él unge, son perfeccionados.

42. Las jarras que están llenas, son las que están selladas. Cuando se destruye su sello, la jarra se va vaciando. Y la causa de su vaciamiento es la ausencia de su sello. Entonces, un simple soplo lo evapora. Pero de aquella jarra sin defecto no se quita el sello, ni se derrama nada, sino que el Padre perfecto rellena lo que hace falta.

43. Él es bueno. Conoce sus plantitas, pues él es quien las sembró en su paraíso. Pues su paraíso es lugar de reposo. Éste es la perfección en la Conciencia del Padre y éstas (las plantitas) son los Logoi emanados de Él. Cada uno de sus Logoi es el producto de su voluntad única, en la manifestación de su Palabra (Logos). Mientras permanecían en la profundidad de su Conciencia (del Padre), el Logos fue el primero que emergió y los manifestó junto con la conciencia que expresa al Logos único en la gracia silenciosa. Ha sido llamada Pre-Conciencia pues ellos existían allí antes de surgir a la manifestación. Así sucedió que (el Logos) fue el primero que emergió, cuando quiso la voluntad de quien lo determinó.

44. La voluntad del Padre es lo que reposa dentro de su corazón y le agrada. Nada existe sin él, ni sucede nada sin la voluntad del Padre. Pero su voluntad es insondable. Su voluntad es su huella, y nadie puede determinarla ni anticiparla para controlarla. Pero cuando Él quiere, lo que quiere existe aunque (a algunos) no les guste. Éstos no son nada frente al rostro de Dios, frente a la voluntad del Padre. Porque Él conoce el principio y el final de todos. Al final, les interrogará directamente. Pero el fin es recibir la Gnosis de Éste que está oculto. Porque Éste es el Padre de quien el origen emergió, y a quien volverán todos los que emergieron de Él. Ellos han surgido a la manifestación para la gloria y la alegría del nombre de Él.

45. El nombre del Padre es el Hijo. (El Padre) primeramente le dio nombre a quien emergió de Él y es Él mismo. Y Él lo engendra como un Hijo. Él le confiere su propio nombre. Es el Padre quien posee todo lo que existe en torno a Él. Él tiene el nombre, Él tiene al Hijo que se puede ver. Pero su nombre es trascendental,

El Evangelio de la Verdad

porque es el único misterio del invisible, que viene por Él a los oídos enteramente llenos de sí.

46. Pues, en verdad, el nombre del Padre no se pronuncia, sino que se manifiesta por medio del Hijo. En consecuencia, ¡grandioso es el nombre! ¿Quién por eso podría proclamar un nombre para Él, el nombre supremo, excepto solo Él, al que pertenece el nombre y los hijos del nombre, aquellos dentro de cuyos corazones reposa el nombre del Padre y quienes reposan en su nombre? Porque el Padre es inengendrado, es solo Él quien le engendra como su propio nombre, antes de formar a los eones, para que el nombre del Padre sea el Amo sobre sus cabezas, éste quien es verdaderamente el nombre, seguro en su autoridad por la potencia perfecta.

47. El nombre no es mera palabrería, ni es mera terminología, sino que es trascendental. Él se da nombre a sí mismo, puesto que Él solo se contempla, Él solo tiene el poder de regalarle nombre. Quien no existe, no tiene nombre, pues ¿qué nombre se puede dar a lo que no existe? Pero el que es, es junto con su nombre. Y sólo el Padre lo conoce y Él solo le da nombre.

48. El Hijo es su nombre. Él no lo mantiene escondido como un secreto, sino que el Hijo vino a ser y (el Padre) solo le nombró. Así, el nombre pertenece al Padre, así como el nombre del Padre es el Hijo. ¿De qué manera podría la compasión encontrar este nombre, excepto por medio del Padre? Pero alguien dirá: «¿Quién dará nombre a alguien que ya existía? ¡Como si los niños no recibieran nombre de quienes los engendran!»

49. Así, en primer lugar, es conveniente que entendamos sobre este tema: ¿Qué es el nombre? Verdaderamente,

(el Hijo) es el nombre, así también Él es el nombre que deriva del Padre. Él es el nombre del Amo. Así Él no recibió el nombre en préstamo tal como los otros, según el diseño de cada individuo que sería creado dentro de su corazón. Pues él es el Nombre propio. No hay ningún otro a quien se le confirió. Él es innombrable e indescriptible, hasta el momento en que Él, que es perfecto, lo expresa (al Hijo). Y Él es el que tiene el poder de expresar su nombre y de contemplarlo. Así cuando le agrada en su corazón que su querido nombre sea su Hijo, le da el nombre y Éste emerge de su profundidad.

50. (El Hijo) expresó su misterio, sabiendo que el Padre es bondadoso. Precisamente por eso, envió a Éste (al Hijo) para que hablara del lugar y de su lugar de reposo de donde emanó, y glorificase al Pleroma, la majestad de su nombre y la bondad del Padre. Él hablará acerca del lugar de donde cada uno vino y rápido, de nuevo, volverá allí, abandonando la región en la que comparte el regalo de su sustancia y donde se alimenta y crece. Y su lugar propio de reposo es el Pleroma.

51. Así, todas las emanaciones del Padre son plenitud (Pleroma) y la fuente de todas sus emanaciones está dentro de su corazón, y en Él todas ellas florecen. Él les asigna sus destinos. De esta manera se manifiesta cada uno, para que por su propia meditación [vuelvan] al lugar adonde dirigen su conciencia. Ese lugar es su fuente, la cual los levanta por todas las alturas del cielo hacia el Padre. Llegan hasta su cabeza, que es el reposo de ellas. Y son abrazadas al acercarse, de manera que expresan que participan de su rostro con sus besos. Sin embargo, no se manifiestan así por exaltarse a sí mismos. Ni carecen de la gloria del Padre, ni piensan que Él sea trivial ni amargo ni furioso. Sino

El Evangelio de la Verdad

que Él es benévolo, imperturbable y bondadoso, conociendo todas las dimensiones antes de que entren en la existencia, y sin necesidad de instruirse.

52. Esta es la forma de ser de quienes pertenecen a las alturas, por la grandeza del inconmensurable, mientras esperan al Único y Perfecto, que está allí para ellos. Y no descienden al Hades. No tienen ni celos, ni lamentaciones, ni mortalidad, sino que reposan dentro de Él, que permanece en reposo. No son ni turbados ni vacilantes en torno a la verdad, sino que ellos mismos son la verdad. El Padre está dentro de ellos y ellos están dentro del Padre, perfeccionados y hechos indivisibles en lo verdaderamente bueno, no faltándoles nada, sino que permanecen en el reposo, refrescados por la Espíritu. Y obedecen a su fuente, éstos dentro de los que se encuentra la raíz de Él y quienes no sufren la pérdida de su alma. ¡Éste es el lugar de los bienaventurados, éste es su lugar!

53. Los demás deben comprender que no es conveniente para mí, habiendo estado en el lugar del reposo, decir nada más. Pero es dentro de su corazón donde estaré consagrado por siempre al Padre de la Totalidad, junto con esos Hermanos verdaderos sobre quienes se derrama el amor del Padre y entre quienes no hay carencia de Él. Estos son quienes en verdad son manifestados, existentes en la vida verdadera y eterna y hablando de la luz perfecta que se llena con la simiente del Padre y quienes quedan dentro de su corazón y en la Plenitud (Pleroma) y en quienes se regocija la Espíritu de Él, glorificando a Aquel en el que existe. Él es bueno, y sus Hijos son perfectos y dignos de su nombre. Porque son hijos de esta clase los que Él desea.

El Evangelio según Tomás

Medio siglo antes del descubrimiento de Nag Hammadi, en la antigua ciudad egipcia de Oxyrhynchus, se descubrieron unos fragmentos de papiro escritos en griego, que correspondían a un evangelio apócrifo atribuido al apóstol Tomás. La paleografía los fechó entre el año 200 y el 250 y desde entonces, se creyó que alguna vez había existido un quinto libro análogo a los canónicos, en el cual se registraban las enseñanzas de Jesús. Parte de estos papiros se hallan en el Museo Británico, en Londres. Sin embargo, no se le dio mayor importancia al tema, hasta el descubrimiento de la versión copta de Nag Hammadi que contenía el texto completo, ubicado en el códice II desde la página 32, línea 10 hasta la página 51 línea 28.

Todos los expertos independientes, e incluso muchos teólogos, están de acuerdo en que el «Evangelio según Tomás» es tan auténtico como los de Mateo, Lucas, Marcos y Juan. Es un texto que se viene estudiando desde hace décadas y, últimamente, ha dado lugar a sorprendentes conclusiones. En una reciente entrevista, Helmut Koester, de la Facultad de Divinidad de Harvard y presidente de la Sociedad de Literatura Bíblica, decía que casi todos los eruditos bíblicos en los Estados Unidos, están de acuerdo en que el de Tomás es tan auténtico como los evangelios del Nuevo Testamento. El mismo Koester, en un artículo aparecido en *Bible Review* en abril de 1990 escribía: «Hay que dar una autoridad igual al Evangelio de Tomás que a los evangelios canónicos».

Pero el hecho es que estamos ante un evangelio totalmente diferente a los cuatro del Nuevo Testamento. En él no existen partes narrativas ni anécdotas sobre la vida y obra de Jesús. Tan sólo consta de 117 proverbios y diálogos cortos, donde se recogen las enseñanzas más significativas atribuidas al Maestro y reveladas a Dídimo Judas Tomás, quien las escribió dirigidas a un sector docto, capaz de darles la correcta interpretación (es decir, a un sector gnóstico). No se dice nada del nacimiento, de la muerte ni de la supuesta resurrección.

Clemente de Alejandría citaba ya al Evangelio de Tomás, sin nombrar la fuente. El texto en cuestión es el proverbio n° 2, que dice: «El que busca no debe dejar de buscar hasta que encuentre. Y cuando encuentre se estremecerá, y después de estremecerse se llenará de admiración y reinará sobre el universo». Esto demuestra que el libro, en su forma primitiva, ya existía en el año 190 d.C. fecha de composición de «Stromata» («Remedios»), obra en la que está contenida dicha cita.

Incluso existen evidencias de que éste puede ser el evangelio más antiguo de los que hoy se conservan (con toda seguridad, su versión original es anterior al año 100 d.C.). Por lo menos, es el que recoge con mayor fidelidad y sin agregados mítico-legendarios las palabras dichas por el Jesús histórico.

El descubrimiento de esta colección de dichos de Jesús que forman el Evangelio de Tomás, sirvió para reforzar una hipótesis que los estudiosos de los evangelios habían planteado casi un siglo antes: la existencia de una fuente de dichos que habría sido utilizada como base para los Evangelios de Mateo y Lucas. Se tenía constancia de la existencia del género literario llamado «Dichos de los sabios» tanto en la literatura judía como en la griega. La Misná contiene un tratado que se titula precisamente así (*Pirque Abot*), en el cual se encuentran recopilados dichos famosos de los antiguos rabinos. En la literatura helenística se conocían las Sentencias de Epicteto, que Diógenes Laercio incluyó al final de su biografía. Se sospechaba que en el cristianismo antiguo podían haber circulado también colecciones con los dichos de Jesús, y el descubrimiento del Evangelio de Tomás confirmó esa idea.

Lo realmente impresionante es que más de dos terceras partes de estos dichos los encontramos reflejados en los Evangelios de Mateo y Lucas, es decir, son dichos procedentes de una fuente común a ambos evangelios. Estas coincidencias han sugerido preguntas apasionantes, y algunos autores han planteado la hipótesis de que el misterioso Documento Q (de Quelle, «fuente», en alemán), que habría servido de fuente a Mateo y a Lucas, y la versión más antigua del Evangelio de Tomás serían dos versiones de una colección previa de dichos de Jesús.

Aquí los expertos se dividen en dos grupos: el de aquellos que defienden la dependencia del Evangelio de Tomás con respecto a los Evangelios de Mateo y Lucas, y el de quienes sostienen que se trata de una colección anterior e independiente de ellos. La balanza se inclina, no obstante, en la dirección de estos últimos, pues los indicios de dependencia literaria podrían explicarse fácilmente por el influjo que los evangelios canónicos tuvieron una vez que fueron reconocidos como tales. Es fácilmente explicable, que al hacer una nueva copia, o incluso una nueva traducción, algunos pasajes adoptaran la formulación de los canónicos. Pero no ocurre así en el Evangelio de Tomás.

La respuesta a este misterio fue dilucidada mediante los estudios filológicos: tanto el Evangelio de Mateo como el de Lucas tuvieron como «fuentes» a dos evangelios anteriores. Para las historias y leyendas de la vida de Jesús, tomaron como modelo el Evangelio de Marcos (agregándole los relatos sobre la infancia y la resurrección que el original de «Marcos» no poseía; por otro lado, para incorporar las máximas y proverbios de Jesús, utilizaron un documento (hoy perdido) al que los expertos llaman «Q».

Finalmente, el toque auténticamente gnóstico: En el Evangelio de Tomás y, presumiblemente, en «Q», la «salvación» no se logra por la fe o el seguimiento ciego de unas creencias, sino por la búsqueda de la sabiduría interior y la conducta apropiada para con el prójimo. Esto es lo que «libera» al ser espiritual de su «envoltura» material y le permite la trascendencia.

El Evangelio según Tomás

Estas son las palabras secretas que pronunció Jesús el Viviente y que fueron anotadas por Dídimo Judas Tomás.

1. Y dijo Tomás: «Quien encuentre el sentido de estas palabras no saboreará la muerte».

2. Dijo Jesús: «El que busca no debe dejar de buscar hasta que encuentre. Y cuando encuentre se estremecerá, y después de estremecerse se llenará de admiración y reinará sobre el universo».

3. Dijo Jesús: «Si aquellos que os guían os dijeran: «¡Mirad, el Reino está en el Cielo!», entonces las aves

del Cielo estarían antes que vosotros. Si os dijeran: «¡Está en el mar!», entonces los peces del mar os tomarían la delantera. Más bien, el Reino de Dios está dentro de vosotros y está fuera de vosotros. Quienes llegan a conocerse a sí mismos lo hallarán y cuando lleguéis a conoceros a vosotros mismos, sabréis que sois los Hijos del Padre viviente. Pero si no os conocéis a vosotros mismos estáis sumidos en la pobreza y sois la pobreza misma».

4. Dijo Jesús: «No vacilará un anciano a su edad en preguntar a un niño de siete días por el lugar de la vida, y vivirá; pues muchos primeros vendrán a ser últimos y terminarán siendo uno solo».

5. Dijo Jesús: «Reconoce lo que tienes ante tu vista y se te manifestará lo que te está oculto, pues nada hay escondido que no llegue a ser descubierto».

6. Le preguntaron sus discípulos diciéndole: «¿Quieres que ayunemos? ¿Y de qué forma hemos de orar y dar limosna, y qué hemos de observar respecto a la comida?» Jesús dijo: «No mintáis ni hagáis lo que aborrecéis, pues ante el cielo todo está patente, ya que nada hay oculto que no termine por quedar manifiesto y nada hay escondido que pueda mantenerse sin ser revelado».

7. Jesús dijo: «Dichoso el león que al ser ingerido por un hombre se hace hombre; abominable el hombre que se deja devorar por un león y se hace león».

8. Y dijo: «El hombre se parece a un pescador inteligente que echó su red al mar y la sacó de él llena de peces pequeños. Al encontrar entre ellos un pez grande y

bueno, el pescador inteligente arrojó todos los peces pequeños al mar y escogió sin vacilar el pez grande».

9. Dijo Jesús: «He aquí que el sembrador salió y tomó un puñado de semillas y las esparció. Algunas cayeron en el camino y vinieron los pájaros y se las comieron. Otras cayeron sobre la roca y no arraigaron en el suelo y no retoñaron espigas hacia el Cielo. Y otras cayeron entre las espinas, las cuales ahogaron las semillas y el gusano se las comió. Y otras cayeron en la tierra buena y produjeron cosecha buena hacia el Cielo, rindió sesenta por medida y ciento veinte por medida».

10. Dijo Jesús: «He arrojado fuego sobre el mundo y lo estoy vigilando hasta que arda».

11. Dijo Jesús: «Este Cielo pasará y pasará también el que está más arriba. Y los muertos no viven ya, y los que están vivos no morirán. En los días cuando comíais los muertos, los transformasteis a la vida. Cuando entréis en la luz, ¿qué haréis? En el día en que estabais juntos, os separasteis, mas cuando os hayáis separado, ¿qué haréis?».

12. Los discípulos dijeron a Jesús: «Sabemos que tú te irás de nuestro lado; ¿quién va a ser el mayor entre nosotros?». Díjoles Jesús: «Dondequiera que os hayáis reunido, dirigíos a Santiago el Justo, por quien el cielo y la tierra fueron creados».

13. Dijo Jesús a sus discípulos: «Haced una comparación y decidme a quién me parezco». Díjole Simón Pedro: «Te pareces a un ángel justo». Díjole Mateo: «Te pareces a un filósofo, a un hombre sabio». Díjole Tomás: «Maestro, mi boca es absolutamente incapaz de decir a quién te pareces». Respondió Jesús: «Yo ya no soy tu

maestro, puesto que has bebido y te has emborrachado del manantial que yo mismo he medido y repartido». Luego le tomó consigo, se retiró y le dijo tres palabras: *áhyh ashr áhyh* (Soy Quien Soy). Cuando Tomás se volvió al lado de sus compañeros, le preguntaron éstos: «¿Qué es lo que te ha dicho Jesús?» Tomás respondió: «Si yo os revelara una sola palabra de las que me ha dicho, cogeríais piedras y las arrojaríais sobre mí: entonces saldría fuego de ellas y os abrasaría».

14. Díjoles Jesús: «Si ayunáis, generaréis pecados; y si hacéis oración, se os condenará; y si dais limosnas, haréis mal a vuestros espíritus. Cuando vayáis a un país cualquiera y caminéis por sus regiones, si se os recibe, comed lo que os presenten y curad a los enfermos entre ellos. Pues lo que entre en vuestra boca no os manchará; sin embargo, lo que salga de vuestra boca, eso sí que os manchará».

15. Dijo Jesús: «Cuando veáis a quien no nació de mujer, tendeos sobre vuestros rostros y adoradle, Él es vuestro Padre».

16. Dijo Jesús: «Quizá piensan los hombres que he venido a traer paz al mundo, y no saben que he venido a traer conflictos sobre la tierra: fuego, espada, guerra. Cuando cinco haya en casa, tres estarán contra dos y dos contra tres, el padre contra el hijo y el hijo contra el padre. Y estarán de pie como solitarios».

17. Dijo Jesús: «Yo os daré lo que ningún ojo ha visto y ningún oído ha escuchado y ninguna mano ha tocado y en ningún corazón humano ha penetrado».

18. Dijeron los discípulos a Jesús: «Dinos cómo va a ser nuestro fin». Respondió Jesús: «¿Acaso habéis descubierto ya

el principio para que preguntéis por el fin? Sabed que donde está el principio, allí estará también el fin. Dichoso aquel que se encuentra en el principio: él conocerá el fin y no saboreará la muerte».

19. Dijo Jesús: «Dichoso aquel que ya existía antes de llegar a ser. Si os hacéis mis discípulos y escucháis mis palabras, estas piedras se pondrán a vuestro servicio. Cinco árboles tenéis en el paraíso que ni en verano ni en invierno se mueven y cuyo follaje no cae: quien los conoce no saboreará la muerte».

20. Dijeron los discípulos a Jesús: «Dinos a qué se parece el reino de los cielos». Y les dijo: «Se parece a un grano de mostaza, que es la más pequeña de todas las semillas, pero cuando cae en tierra de labor hace brotar un tallo y se convierte en cobijo para los pájaros del cielo».

21. Dijo Mariham a Jesús: «¿A qué se parecen tus discípulos?» Él respondió: «Se parecen a unos muchachos que están en un campo ajeno. Cuando se presenten los dueños del terreno, les dirán: Devolvednos nuestra finca. Ellos se sienten desnudos en su presencia al tener que dejarla y devolvérsela». Por eso os digo: «Si el dueño de la casa se entera de que va a venir el ladrón, se pondrá a vigilar antes de que llegue y no permitirá que éste penetre en la casa de su propiedad para quitarle sus pertenencias. Así pues, vosotros estad también alerta ante el mundo, ceñid vuestros lomos con fortaleza para que los ladrones encuentren cerrado el paso hasta vosotros; pues de lo contrario se llevarán la recompensa que vosotros esperáis. ¡Ojalá surja de entre vosotros un hombre sabio que —cuando la cosecha haya madurado— venga rápidamente con la hoz en la mano y la siegue! El que tenga oídos para oír, que oiga».

22. Jesús vio unas criaturas que estaban siendo amamantadas y dijo a sus discípulos: «Estas criaturas a las que están dando el pecho se parecen a quienes entran en el Reino». Ellos le dijeron: «¿Podremos nosotros —haciéndonos pequeños— entrar en el Reino?». Jesús les dijo: «Cuando seáis capaces de hacer de dos cosas una, y de hacer lo interior como lo exterior, y lo exterior como lo interior, y lo de arriba como lo de abajo, y de reducir a la unidad lo masculino y lo femenino, de manera que el varón deje de ser varón y la hembra hembra; cuando hagáis un ojo de un solo ojo y una mano en lugar de una mano y un pie en lugar de un pie y una imagen en lugar de una imagen, entonces podréis entrar [en el Reino]».

23. Dijo Jesús: «Yo os escogeré uno entre mil y dos entre diez mil; y estarán en pie como uno solo».

24. Dijeron sus discípulos: «Instrúyenos acerca del lugar donde vives, pues sentimos la necesidad de buscarlo». Y Él les dijo: «El que tenga oídos, que escuche: en el interior de un hombre de luz hay siempre luz y él ilumina todo el universo; sin su luz reinan las tinieblas».

25. Dijo Jesús: «Ama a tu hermano como a tu alma; cuídalo como la pupila de tu ojo».

26. Dijo Jesús: «La paja en el ojo de tu hermano, sí que la ves; pero la viga en el tuyo propio, no la ves. Cuando saques la viga de tu propio ojo, entonces verás claramente para quitar la mota del ojo de tu hermano».

27. Dijo Jesús: «Si no os abstenéis del mundo, no encontraréis el Reino; si no hacéis del sábado sábado, no veréis al Padre».

28. Dijo Jesús: «Yo estuve en medio del mundo y me manifesté a ellos en carne. Los hallé a todos ebrios y no encontré entre ellos uno siquiera con sed. Y mi alma sintió dolor por los hijos de los hombres, porque son ciegos en su corazón y no ven que han venido vacíos al mundo y vacíos saldrán de él. Ahora bien: por el momento están ebrios, pero cuando hayan expulsado su vino, entonces se arrepentirán».

29. Dijo Jesús: «El que la carne haya llegado a ser gracias al espíritu es un prodigio; pero el que el espíritu haya llegado a ser gracias al cuerpo, es prodigio de prodigios. Y yo me maravillo de cómo esta gran riqueza ha venido a morar en esta pobreza».

30. Dijo Jesús: «Donde hay tres dioses, carecen de Dios. Donde hay solo uno, digo que yo estoy con él. Levantad la piedra y allí me encontraréis, partid la madera y allí estoy».

31. Dijo Jesús: «Ningún profeta es aceptado en su aldea; ningún médico cura a aquellos que le conocen».

32. Dijo Jesús: «Una ciudad que está construida y fortificada sobre una alta montaña no puede caer ni pasar inadvertida».

33. Dijo Jesús: «Lo que escucharás en tu oído, proclámalo desde tus techos a otros oídos. Pues nadie enciende una lámpara para ponerla debajo de un cesto ni la pone en un lugar escondido, sino que se coloca sobre el candelero para que todos los que entran y salen vean su resplandor».

34. Dijo Jesús: «Si un ciego guía a otro ciego, ambos caen en el hoyo».

35. Dijo Jesús: «No es posible que uno entre en la casa del fuerte y se apodere de ella a no ser que logre atarle las manos a éste: entonces sí que saqueará su casa».

36. Dijo Jesús: «No estéis ansiosos en la mañana sobre la noche ni en la noche sobre la mañana, ni por vuestro alimento que comeréis ni por vuestra ropa que llevaréis. Sois bien superiores a las flores de viento, que ni peinan lana ni hilan. Al tener una vestidura, ¿qué os falta? O ¿quién puede aumentar vuestra estatura? Él mismo os dará vuestros vestidos».

37. Sus discípulos dijeron: «¿Cuándo te nos vas a manifestar y cuándo te vamos a ver?» Dijo Jesús: «Cuando perdáis el sentido de la vergüenza y —cogiendo vuestros vestidos— los pongáis bajo los talones como niños pequeños y los pisoteéis, entonces veréis al Hijo del Viviente y no tendréis miedo».

38. Dijo Jesús: «Muchas veces deseasteis escuchar estas palabras que os estoy diciendo sin tener a vuestra disposición alguien a quien oírselas. Días llegarán en que me buscaréis y no me encontraréis».

39. Dijo Jesús: «Los clérigos y los teólogos han recibido las llaves del conocimiento, pero las han escondido. No entraron ellos, ni permitían entrar a los que sí lo deseaban. En cuanto a vosotros, haceos astutos como serpientes y puros como palomas».

40. Dijo Jesús: «Una cepa ha sido plantada al margen del Padre y —como no está firmemente arraigada— será arrancada de cuajo y se malogrará».

41. Jesús dijo: «A quien tiene en su mano se le dará; y a quien nada tiene —aun aquello poco que tiene— se le quitará».

42. Dijo Jesús: «Haceos transeúntes».

43. Le dijeron sus discípulos: «¿Quién eres tú para decirnos estas cosas?» Jesús respondió: «Basándoos en lo que os estoy diciendo, no sois capaces de entender quién soy yo; os habéis vuelto como los judíos, ya que éstos aman el árbol y odian su fruto, aman el fruto y odian el árbol».

44. Dijo Jesús: «A quien insulte al Padre, se le perdonará; y a quien insulte al Hijo, también se le perdonará. Pero quien insulte al Espíritu Santo no encontrará perdón ni en la tierra ni en el cielo».

45. Dijo Jesús: «No se cosechan uvas de los zarzales ni se cogen higos de los espinos, pues éstos no dan fruto alguno. Un hombre bueno saca cosas buenas de su tesoro; un hombre malo saca cosas malas del mal tesoro que tiene en su corazón y habla maldades, pues de la abundancia del corazón saca él la maldad».

46. Dijo Jesús: «Jesús ha dicho: Desde Adán hasta Juan Bautista, entre los nacidos de mujeres no hay ninguno más exaltado que Juan Bautista, tanto que sus ojos no se romperán. No obstante, he dicho que quienquiera entre vosotros que se vuelva como un niño, conocerá el Reino y será más exaltado que Juan».

47. Dijo Jesús: «Una persona no puede montar dos caballos ni tensar dos arcos, y un esclavo no puede servir a dos amos, de otra manera honrará a uno y ofenderá al otro. Nadie bebe vino añejo e inmediatamente quiere beber vino nuevo. Y no se pone vino nuevo en odres viejos, para que no se revienten. Y no se pone vino añejo en odres nuevos, para que no se vuelva ácido. No se cose remiendo viejo en ropa nueva, porque vendría un rasgón».

48. Dijo Jesús: «Si dos personas hacen la paz entre sí en esta misma casa, dirán a la montaña: ¡Desaparece de aquí! Y ésta desaparecerá».

49. Dijo Jesús: «Bienaventurados los solitarios y los elegidos: vosotros encontraréis el Reino, ya que de él procedéis y a él tornaréis».

50. Dijo Jesús: «Si os preguntan: ¿De dónde habéis venido?, decidles: Nosotros procedemos de la luz, del lugar donde la luz tuvo su origen por sí misma; allí estaba afincada y se manifestó en su imagen. Si os preguntan: ¿Quiénes sois vosotros?, decid: Somos sus hijos y somos los elegidos del Padre Viviente. Si se os pregunta: ¿Cuál es la señal de vuestro Padre que lleváis en vosotros mismos?, decidles: Es el movimiento con reposo».

51. Le dijeron sus discípulos: «¿Cuándo sobrevendrá el reposo de los difuntos y cuándo llegará el mundo nuevo?». Él les dijo: «Lo que buscabais ya ha llegado, pero vosotros no caéis en la cuenta».

52. Sus discípulos le dijeron: «Veinticuatro profetas alzaron su voz en Israel y todos hablaron de ti». Él les dijo: «Habéis dejado a un lado al Viviente que está ante vosotros ¡y habláis de los muertos!»

53. Sus discípulos le dijeron: «¿Es de alguna utilidad la circuncisión o no?». Y él les dijo: «Si para algo valiera,

ya los engendraría su padre circuncisos en el seno de sus madres; sin embargo, la verdadera circuncisión en espíritu ha sido de gran utilidad».

54. Dijo Jesús: «Bienaventurados los pobres, pues vuestro es el reino de los cielos».

55. Dijo Jesús: «Quien no odie a su padre y a su madre, no podrá ser discípulo mío. Y quien no odie a sus hermanos y hermanas y no cargue con su cruz como yo, no será digno de mí».

56. Dijo Jesús: «Quien haya comprendido lo que es el mundo, ha dado con un cadáver. Y quien haya encontrado ese cadáver, el mundo no es digno de él».

57. Dijo Jesús: «El Reino del Padre se parece a un hombre que tenía una buena semilla. Vino de noche su enemigo y sembró cizaña entre la buena semilla. Este hombre no permitió que los jornaleros arrancasen la cizaña, sino que les dijo: No sea que al arrancar la cizaña, con ella arranquéis el trigo; ya aparecerán las matas de cizaña el día de la siega, entonces se las arrancará y se las quemará».

58. Dijo Jesús: «Bienaventurado el hombre que ha sufrido: ha encontrado la vida».

59. Dijo Jesús: «Fijad vuestra mirada en el Viviente mientras estáis vivos, no sea que luego muráis e intentéis contemplarlo y no podáis».

60. Vieron a un samaritano que llevaba un cordero camino de Judea y dijo a sus discípulos: «¿Qué hace éste con el cordero?» Ellos le dijeron: «Irá a sacrificarlo para comérselo.» Y les dijo: «Mientras esté vivo no se lo

comerá, sino sólo después de haberlo degollado, cuando el cordero se haya convertido en un cadáver». Ellos dijeron: «No podrá obrar de otro modo». Él dijo: «Vosotros mismos, buscad un lugar para vosotros en el reposo, para que no os convirtáis en cadáveres y seáis devorados».

61. Dijo Jesús: «Dos reposarán en un mismo lecho: el uno morirá, el otro vivirá». Dijo Salomé: «¿Quién eres tú, hombre, y de quién? Como mandado por alguien, te tendiste en mi cama y comiste de mi mesa». Díjole Jesús: «Yo soy el que procede de quien me es idéntico; he sido hecho partícipe de los atributos de mi Padre». Salomé dijo: «Yo soy tu discípula». Jesús le dijo: «Por eso es por lo que digo que si uno ha llegado a ser idéntico, se llenará de luz; mas en cuanto se divida, se inundará de tinieblas».

62. Dijo Jesús: «Yo comunico mis secretos a los que [son dignos] de ellos. Lo que hace tu derecha, no lo debe averiguar tu izquierda».

63. Dijo Jesús: «Había un hombre rico que poseía una gran fortuna, y dijo: Voy a emplear mis riquezas en sembrar, cosechar, plantar y llenar mis graneros de frutos, de manera que no me falte de nada. Esto es lo que él pensaba en su corazón; y aquella noche se murió. El que tenga oídos, que oiga».

64. Dijo Jesús: «Un hombre tenía invitados. Y cuando hubo preparado la cena, envió a su criado a avisar a los huéspedes. Fue éste al primero y le dijo: Mi amo te invita. Él respondió: Tengo asuntos de dinero con unos mercaderes; éstos vendrán a mí por la tarde y yo habré de ir y darles instrucciones; pido excusas por la cena. Fue a otro y le dijo: Estás invitado por mi amo.

Él le dijo: He comprado una casa y me requieren por un día; no tengo tiempo. Y fue a otro y le dijo: Mi amo te invita. Y él le dijo: Un amigo mío se va a casar y tendré que organizar el festín. No voy a poder ir; me excuso por lo de la cena. Fue a otro y le dijo: Mi amo te invita. Éste replicó: Acabo de comprar una hacienda y me voy a cobrar la renta; no podré ir, presento mis excusas. Fue el criado y dijo a su amo: Los que invitaste a la cena se han excusado. Dijo el amo a su criado: Sal a la calle y tráete a todos los que encuentres para que participen en mi festín; los mercaderes y los hombres de negocios no entrarán en los lugares de mi Padre».

65. Él dijo: «Una persona bondadosa tenía una viña. La arrendó a inquilinos para que la cultivaran y él recibiría su fruto. Mandó a su esclavo para que los inquilinos le dieran el fruto de la viña. Pero ellos agarraron a su esclavo, lo golpearon, un poco más y lo habrían matado. El esclavo fue y se lo dijo a su amo. Pensó su amo: «Quizás no lo reconocieron». Entonces mandó a otro esclavo pero los inquilinos lo golpearon también. Entonces el amo mandó a su hijo. Dijo: «Tal vez respetarán a mi hijo». Pero como los inquilinos sabían que era el heredero de la viña, lo agarraron y lo mataron. Quien tenga oídos para oír, ¡que oiga!».

66. Dijo Jesús: «Mostradme la piedra que los albañiles han rechazado; ésta es la piedra angular».

67. Dijo Jesús: «Quien sea conocedor de todo, pero falle en lo que respecta a sí mismo, falla en todo».

68. Dijo Jesús: «Dichosos vosotros cuando se os odie y se os persiga, mientras que ellos no encontrarán un lugar allí donde se os ha perseguido a vosotros».

69. Dijo Jesús: «Dichosos los que han sufrido persecución en su corazón: éstos son los que han reconocido al Padre de verdad». Dijo Jesús: «Dichosos los hambrientos, pues el estómago de quienes pasan hambre se saciará».

70. Dijo Jesús: «Cuando saquéis lo que hay dentro de vosotros, esto que tenéis os salvará. Si no tenéis eso dentro de vosotros, lo que no tenéis dentro de vosotros os matará».

71. Dijo Jesús: «Voy a destruir esta casa y nadie podrá re-edificarla».

72. Un hombre le dijo: «Di a mis hermanos que repartan conmigo los bienes de mi padre». Él replicó: «¿Quién ha hecho de mí un repartidor?» Y se dirigió a sus discípulos, diciéndoles: «¿Soy acaso repartidor?».

73. Dijo Jesús: «La cosecha es en verdad abundante, pero los obreros son pocos. Rogad, pues, al Señor que envíe obreros para la recolección».

74. Él dijo: «Señor, hay muchos alrededor del aljibe, pero no hay nadie dentro del aljibe».

75. Dijo Jesús: «Muchos están ante la puerta, pero son los solitarios los que entrarán en la cámara nupcial».

76. Dijo Jesús: «El reino del Padre se parece a un comerciante poseedor de mercancías, que encontró una perla. Ese comerciante era sabio: vendió sus mercancías y compró aquella perla única. Buscad vosotros también el tesoro imperecedero allí donde no entran ni polillas para devorarlo ni gusanos para destruirlo».

77. Dijo Jesús: «Yo soy la luz que está sobre todos. Yo soy el universo: el universo ha surgido de mí y ha llegado hasta mí. Partid un leño y allí estoy yo; levantad una piedra y allí me encontraréis».

78. Dijo Jesús: «¿A qué salisteis al campo? ¿Fuisteis a ver una caña sacudida por el viento? ¿Fuisteis a ver a un hombre vestido con ropas finas? Mirad a vuestros reyes y a vuestros magnates: ellos llevan ropas finas, pero no podrían reconocer la verdad».

79. Le dijo una mujer de entre la muchedumbre: «Dichoso el vientre que te llevó y los pechos que te amamantaron». Él le respondió: «Bienaventurados aquellos que han escuchado la palabra del Padre y la han guardado de verdad, pues días vendrán en que diréis: Dichoso el vientre que no concibió y los pechos que no amamantaron».

80. Dijo Jesús: «El que haya reconocido al mundo, ha encontrado el cuerpo. Pero de quien haya encontrado el cuerpo, de éste no es digno el mundo».

81. Dijo Jesús: «Quien haya llegado a ser rico, que se haga rey; y quien detente el poder, que renuncie a él».

82. Dijo Jesús: «Quien esté cerca de mí, está cerca del fuego; quien esté lejos de mí, está lejos del Reino».

83. Dijo Jesús: «Las imágenes se manifiestan a la humanidad y la luz que está dentro de ellas se esconde. Él se revelará a sí mismo en la imagen de la luz del Padre, pues su imagen se esconde por su luz».

84. Dijo Jesús: «Cuando contempláis lo que se os parece, os alegráis; pero cuando veáis vuestras propias imágenes

hechas antes que vosotros —imperecederas y a la vez invisibles—, ¿cuánto podréis aguantar?»

85. Dijo Jesús: «El que Adán llegara a existir se debió a una gran fuerza y a una gran riqueza; sin embargo, no llegó a ser digno de vosotros, pues en el supuesto de que hubiera conseguido ser digno, no hubiera saboreado la muerte».

86. Dijo Jesús: «Las zorras tienen su guarida y los pájaros su nido, pero el Hijo del hombre no tiene lugar donde reclinar su cabeza y descansar».

87. Dijo Jesús: «Miserable es el cuerpo que depende de otro cuerpo, y miserable es el alma que depende de ambos».

88. Dijo Jesús: «Los ángeles y los profetas vendrán a vuestro encuentro y os darán lo que os corresponde; vosotros dadles asimismo lo que está en vuestra mano, y decid: ¿Cuándo vendrán ellos a recoger lo que les pertenece?».

89. Dijo Jesús: «¿Por qué laváis lo exterior del vaso? ¿Es que no comprendéis que aquel que hizo el interior no es otro que quien hizo el exterior?».

90. Dijo Jesús: «Venid a mí, pues mi yugo es natural y mi dominio suave, y encontraréis reposo para vosotros mismos».

91. Ellos le dijeron: «Dinos quién eres tú, para que creamos en ti». Él les dijo: «Vosotros observáis el aspecto del cielo y de la tierra, y no habéis sido capaces de reconocer a aquel que está ante vosotros ni de intuir el momento presente».

92. Dijo Jesús: «Buscad y encontraréis: mas aquello por lo que me preguntabais antaño —sin que yo entonces os diera respuesta alguna— quisiera manifestároslo ahora, pero ahora vosotros no me lo preguntáis».

93. Dijo Jesús: «No echéis las cosas santas a los perros, no sea que vayan a parar en el muladar; no arrojéis las perlas a los puercos, para que ellos no las devoren».

94. Dijo Jesús: «El que busca encontrará, y al que llama se le abrirá».

95. Dijo Jesús: «Si tenéis algún dinero, no lo prestéis con interés, sino dádselo a aquel que no va a devolvéroslo».

96. Dijo Jesús: «El reino del Padre se parece a una mujer que tomó un poco de levadura, la introdujo en la masa y la convirtió en grandes hogazas de pan. Quien tenga oídos, que oiga».

97. Dijo Jesús: «El reino del Padre se parece a una mujer que transportaba un recipiente lleno de harina. Mientras iba por un largo camino, se rompió el asa y la harina se fue desparramando a sus espaldas por el camino. Ella no se dio cuenta del accidente. Al llegar a casa, puso el recipiente en el suelo y lo encontró vacío».

98. Dijo Jesús: «El reino del Padre se parece a un hombre que tiene la intención de matar a un gigante: desenvainó primero la espada en su casa y la hundió en la pared para comprobar la fuerza de su mano. Luego dio muerte al gigante».

99. Los discípulos le dijeron: «Tus hermanos y tu madre están afuera». Él les dijo: «Los que están aquí, que

hacen la voluntad de mi Padre, éstos son mis hermanos y mi madre; ellos son los que entrarán en el reino de mi Padre».

100. Le mostraron a Jesús una moneda de oro, diciéndole: «Los agentes de César nos exigen tributos». Él les dijo: «Dad a César lo que es de César, dad a Dios lo que es de Dios y dadme a mí lo que me pertenece».

101. Dijo Jesús: «El que no aborreció a su padre y a su madre como yo, no podrá ser discípulo mío; y quien [no amó a su padre y a su madre como yo, no podrá ser discípulo mío; pues mi madre, la que [...], pero mi madre de verdad me ha dado la vida».

102. Dijo Jesús: «¡Ay de ellos, los fariseos, pues se parecen a un perro echado en un pesebre de bueyes!: ni come, ni deja comer a los bueyes».

103. Dijo Jesús: «Dichoso el hombre que sabe por qué flanco van a entrar los ladrones, de manera que le dé tiempo a levantarse, recoger sus [...] y ceñirse los costados antes de que entren».

104. Le dijeron: «Ven, vamos hoy a hacer oración y a ayunar». Respondió Jesús: «¿Qué clase de pecado he cometido yo, o en qué he sido derrotado? Cuando el novio haya abandonado la cámara nupcial, ¡que ayunen y oren entonces!».

105. Dijo Jesús: «Quien conociere al padre y a la madre, será llamado hijo de prostituta».

106. Dijo Jesús: «Cuando seáis capaces de hacer de dos cosas una sola, seréis hijos del hombre; y cuando digáis a la montaña, «¡Muévete!», se moverá».

107. Dijo Jesús: «El Reino se parece a un pastor que poseía cien ovejas. Una de ellas —la más grande— se extravió. Entonces dejó abandonadas las noventa y nueve y se dio a la búsqueda de ésta hasta que la encontró. Luego —tras la fatiga— dijo a la oveja: Te quiero más que a las noventa y nueve».

108. Dijo Jesús: «Quien bebe de mi boca, vendrá a ser como yo; y yo mismo me convertiré en él, y lo que está oculto le será revelado».

109. Dijo Jesús: «El Reino se parece a un hombre que tiene escondido un tesoro en su campo sin saberlo. Al morir dejó el terreno en herencia a su hijo, que tampoco sabía nada de ello: éste tomó el campo y lo vendió. Vino, pues, el comprador y —al arar— dio con el tesoro; y empezó a prestar dinero con interés a quienes quiso».

110. Dijo Jesús: «Quien haya encontrado el mundo y se haya hecho rico, ¡que renuncie al mundo!».

111. Dijo Jesús: «Arrollados serán los cielos y la tierra en vuestra presencia, mientras que quien vive del Viviente no conocerá muerte ni...; pues Jesús dice: Quien se encuentra a sí mismo, de él no es digno el mundo».

112. Dijo Jesús: «¡Ay de la carne que depende del alma! ¡Ay del alma que depende de la carne!».

113. Le dijeron sus discípulos: «¿Cuándo va a llegar el Reino?» Dijo Jesús: «No vendrá con expectación. No dirán: ¡Helo aquí! o ¡Helo allá!, sino que el reino del Padre está extendido sobre la tierra y los hombres no lo ven».

114. Simón Pedro les dijo: «¡Que se aleje Mariham de nosotros!, pues las mujeres no son dignas de la vida». Dijo Jesús: «Mira, yo me encargaré de hacerla varón, de manera que también ella se convierta en un espíritu viviente, idéntico a vosotros los hombres: pues toda mujer que se haga varón, entrará en el Reino de los Cielos».

El Libro de Tomás

El Libro de Tomás está incluido en el segundo códice de Nag Hammadi, dentro del tratado 7, ocupando desde la línea 1 de la página 138 hasta la línea 19 de la página 145. Fue recopilado por un tal Mateo. En los primitivos textos cristianos era bastante frecuente que alguien llamado Mateo cumpliera las funciones de recopilador y aún más cuando se trataba de enseñanzas secretas. En este texto, el Salvador insta a Tomás para que continue en sus esfuerzos encaminados hacia el autoconocimiento, explicando las diferencias entre el mundo visible y el invisible y relatándole lo que espera a quienes no logren liberarse del mundo visible. Finalmente, le habla de la salvación y de la luz.

Los Evangelios Gnósticos

El Libro de Tomás
Enseñanzas Secretas del Salvador

Palabras secretas dichas por el Salvador a Tomás Judas y que yo, Mateo, he puesto por escrito; pasaba por allí cuando les oí hablar.

1. El Salvador dijo: «Hermano Tomás, dado que todavía te queda un tiempo en este mundo, escúchame y te revelaré las cosas sobre las que has estado reflexionando en tu pensamiento».

2. «Puesto que se ha dicho que eres mi hermano gemelo y mi verdadero amigo, analízate a ti mismo para comprender quién eres, cómo existes y en qué te convertirás. Pues si se dice que eres mi hermano, conviene que no te ignores a ti mismo. Sé que has comprendido algunas cosas, porque ya sabes que yo soy el conocimiento de la verdad. Así, mientras estés conmigo, aunque no lo hayas comprendido todo, has comenzado ya a saber, y serás llamado el que se conoce a sí mismo. Pues quien no se conoce a sí mismo nada ha aprendido, y sólo quien se conoce a sí mismo aprende también, al mismo tiempo, el conocimiento del Todo. Por eso, Tomás, hermano mío, has visto ya lo que para los hombres resulta oscuro, es decir, todo aquello, que, por su ignorancia, les hace tropezar».

3. Y Tomás dijo entonces al Señor: «Señor, te ruego que antes de tu ascensión me respondas a lo que te pregunte. Y cuando haya oído lo que me digas sobre lo oculto, entonces podré hablar. Pues me parece difícil testimoniar la verdad ante los hombres».

4. Y el Salvador le respondió: «Si las cosas que para ti son visibles te parecen oscuras, ¿cómo podrás oír de mí las que no son visibles? Si difícil te resulta testimoniar hechos reales visibles en el mundo, ¿cómo podrás testimoniar sobre aquellos que se refieren a las más elevadas alturas y al Pleroma, que no son visibles? ¿Cómo, pues, llamaros artesanos? Pues en este sentido, aprendices sois, pues que todavía no habéis recibido la cima de la perfección».

6. Y Tomás dijo: «Por eso te digo, Señor, que quienes hablan de cosas invisibles y difíciles de explicar son semejantes a quienes tiran con arco sobre un blanco en la noche. Ciertamente, disparan sus flechas como cualquier otro podría hacerlo, puesto que apuntan al blanco, pero el blanco no es visible. ¡Pero cuando la luz vuelve y rechaza las tinieblas, la obra de cada cual aparece. Y entonces, Tú, nuestra luz, nos iluminas, Señor!».
Y Jesús respondió: «La Luz mora en la luz».

7. Tomás habló y dijo: «¿Por qué, Señor, esta luz visible que luce para los hombres aparece y se extingue?»
Y el Salvador le contestó: «Cierto es, oh bienaventurado Tomás, que esta luz visible de Él ha lucido para vosotros –y no para que os quedéis aquí, sino para que sigáis–, pero cuando todos los elegidos hayan abandonado el estado animal, esta luz volverá a su esencia y su esencia la recibirá en ella misma, por el servicio que ha hecho».

8. Y el Señor continuó: «Oh, incomparable amor de la luz. Oh, tristeza del fuego que quema en el cuerpo de los hombres consumiéndolos noche y día, y quemando sus riñones, embriagando su corazón y turbando su alma, luz que (enlaza) a hombres y mujeres, día y

noche, luz que les agita de [...] secreta y abiertamente. Porque dicho está, de varones [...] y mujeres [...], que quienquiera que busque la verdad en la verdadera sabiduría se hará alas para huir del ataque de la voluptuosidad, que despedaza el espíritu de los hombres. Y él mismo se hará alas para huir de todo espíritu visible».

10. Y Tomás contestó diciendo: «Todo eso es evidente, y ha sido ya dicho [...] a quienes no saben que traicionarán su alma».
Y el Salvador le contestó diciendo: «Bendito sea el hombre sabio que ha buscado la verdad y que, cuando la ha hallado, descansa en ella para siempre sin temor a quienes querrían distraerle de ella».

11. Tomás contestó: «¿Acaso es bueno para nosotros, Señor, replegarnos en nosotros mismos?».
El Señor dijo: «Sí, es útil. Y es bueno para vosotros, pues las cosas que para los hombres son visibles se descompondrán, su carne se descompondrá».
«Por lo demás, los que son capaces de ver cosas no visibles, si no sienten el amor primero, se extraviarán en la preocupación por esta vida y el fuego los deshará. Pues lo que es visible no tarda en descomponerse; después, se alzan sombras informes, sombras que errarán ya para siempre sobre los cadáveres y entre las tumbas, en el dolor y en la corrupción del alma».

12. Tomás le contestó: «¿Qué se puede decir frente a esto? ¿Qué decir a los ciegos? ¿Qué enseñar a esos miserables mortales que dicen: Estamos aquí para gozar de lo bueno y no para sufrir? A esos mortales convencidos de que pueden afirmar: Si no hubiéramos sido concebidos de carne, no hubiéramos conocido [...]».
Y el Salvador dijo: «Verdaderamente, no considero a éstos como hombres, sino como bestias. Pues de la

misma manera que las bestias se devoran entre sí, así también los hombres de esta clase se devoran entre ellos. Mas como aman la dulzura del fuego, se verán apartados del reino: son los servidores de la muerte y se arrojan sobre las obras de corrupción, sacian los deseos de sus padres. Y serán precipitados al abismo, y sufrirán los tormentos de amargura de su vil naturaleza. Serán, sí, torturados hasta el punto de que se arrojarán, con la cabeza baja, al lugar que desconocían, y [...] pero en la desesperación. Hay quienes se complacen en este desorden sin concebir [...] que son sensatos [...] la belleza de sus cuerpos, como si fueran imperecederos. Enfermos de frenesí, sólo piensan en lo que van a hacer. Mas el fuego los abrasará».

14. Tomás respondió: «Nos has convencido plenamente, Señor. Pensamos de corazón, y es evidente que así es, que tu palabra basta. Mas, para el mundo, esas palabras resultan ridículas y despreciables, pues han sido mal comprendidas. ¿Cómo podríamos, pues, predicar, si el mundo nos desprecia?».

Y el Salvador le contestó: «En verdad, te digo que quien oiga tu palabra y te vuelva la espalda riendo o sonriendo desdeñosamente, será juzgado ante el Regidor que en lo alto reina sobre las potencias como un rey. Y le hará dar media vuelta, y desde lo alto lo abandonará en los fondos abisales, donde quedará encerrado en un oscuro reducto».

15. Y el Salvador siguió, diciendo: «¡Desgraciados de vosotros, los ateos, los que no tenéis esperanza, y confiáis en que eso no llegará!».

16. «¡Desgraciados de vosotros, los que os reinstauráis en la carne, esa prisión que perecerá! ¿Durante cuánto tiempo permaneceréis indiferentes? Las cosas imperecederas,

¿creéis que también pasarán? Vuestra esperanza se basa en el mundo, y vuestro dios es esta vida. Y os dedicáis a corromper vuestras almas».
«Desgraciados de vosotros por el fuego que os quema, porque ese fuego es insaciable».

17. «Desgraciados de vosotros por culpa de las ruedas que giran en vuestra mente».
«Desgraciados de vosotros por lo que en vosotros quema, porque os consumirá la carne y arruinará secretamente vuestra alma. Y preparaos para vuestros compañeros!».

18. «¡Desgraciados de vosotros, los cautivos, pues estáis encadenados en las cavernas! ¡Reíd, sí! Desternillaos de insensatas risas. Estáis inconscientes de vuestra perdición y no pensáis en lo que os rodea, ni habéis comprendido que erráis en la oscuridad y en la muerte. Por el contrario, os habéis embriagado de fuego y estáis llenos de hastío. Vuestro espíritu está alterado por la llama que hay en vosotros. ¡Y qué dulce resulta, para vosotros, la corona de follaje de vuestros enemigos! Mas, con la luz, para vosotros ha surgido la tiniebla, y vuestra libertad tendrá que dar paso a la servidumbre. Habéis ensombrecido vuestros corazones y abandonado vuestros pensamientos al delirio, habéis llenado vuestro pensamiento con el humo del fuego que en vosotros está. Y vuestra luz se ha ahogado en las nubes de la oscuridad y ha quedado oculta por el velo con que la habéis cubierto, vosotros [...] fascinados por una esperanza falaz. ¿Y en qué consiste aquello en que habéis creído? Ignoráis vuestro error [...]. Habéis bautizado vuestras almas en el agua de la tiniebla. Os habéis paseado por vuestras propias quimeras».

19. «¡Desgraciados aquellos que permanecen en el error sin preocuparse de que el Sol, ese Sol que juzga y vigila el Todo, rodee un día todo como para dominar al enemigo. No prestáis atención a la Luna, a la forma en que mira hacia abajo, día y noche, vigilando el cuerpo de vuestras envolturas carnales!».

20. «¡Desgraciados de vosotros apegados a las relaciones íntimas con la mujer y que ensuciáis vuestro trato con ella!».
«¡Desgraciados de vosotros, por el poder de los malos demonios!».

21. «¡Desgraciados de vosotros que extraviáis vuestro ahínco en medio del fuego! ¿Quién aplicará sobre vosotros ese frescor rosado que pueda extinguir la brasa que os consume? ¿Quién hará, pues, que el Sol luzca sobre vosotros para disipar vuestras tinieblas y velar la noche de las aguas contaminadas?
El Sol y la Luna os traerán buen olor, y también el aire y el espíritu de la tierra y de las aguas. Pues si el Sol no luce para esos cuerpos, se mustiarán y perecerán como la hierba. Si el Sol luce sobre las malas hierbas, éstas crecen y perjudican la viña; pero también crece la viña, extendiendo su sombra sobre la mala hierba y toda la grama que crece a su alrededor. La parra, sí, crece y se desarrolla, para acabar ocupando todo el lugar en que crece dominando el espacio que sombrea. Entonces, cuando se ha desarrollado, cubre todo el terreno y es próspera para su propietario, cuya alegría es tanto mayor cuanto mayor peligro ha sufrido de verse invadida por la vegetación. Pero la viña, por sí sola, ha destruido y suprimido la maleza».

23. «Benditos seáis, los primeros en aprender cuáles son los escollos y que habéis huido del que puede enajenaros».

24. «Benditos seáis, vosotros, los injuriados despreciados a causa del amor que por vosotros siente el Señor».

25. «Benditos seáis, los que lloráis y, oprimidos por quienes están sin esperanza, se os librará de todas las cadenas».

26. «Velad y rogad para no quedar prisioneros de la carne y poder así libraros de los lazos de la amargura de esta vida. Pues, si rezáis, encontraréis el sosiego perdido dejando tras vosotros el sufrimiento y las adversidades. Porque cuando os hayáis librado de los sufrimientos y de las pasiones del cuerpo, recibiréis la paz de Quien es bueno y reinaréis con el Rey al que estáis unidos y reinará con vosotros, ahora por siempre y jamás. Amén.»

El Evangelio según Felipe

La complejidad del contenido de este texto, incluido en el códice II de Nag Hammadi, muestra que estaba dirigido a medios gnósticos capaces de interpretarlo. Su orientación es valentiniana, pues reproduce la teoría de la unión de principios a nivel cósmico. En él se distingue, además, entre hombres poseedores y hombres carentes de gnosis. Hay una curiosa aprobación a ciertos tipos de sacramentos, por ejemplo, el de la redención y el bautismo tienen un claro trasfondo gnóstico. También en él se establece claramente que Jesús y María Magdalena eran pareja.

Parece que fue compuesto alrededor del año 70 por Felipe, llamado el evangelista, quien es mencionado en tres ocasiones en los Hechos de los Apóstoles. No hay ninguna cita previa conocida de esta profunda escritura, la cual no es propiamente un relato sino un conjunto de apuntes sin aparente orden ni concierto. El asunto es que no son apuntes destinados al público sino al iniciado en la gnosis, requisito indispensable para poder ahondar en su significado y su enseñanza. Para el profano son simplemente una serie de reflexiones sobre la tradición abrahámica, sobre Israel y el Mesías y tal vez el esbozo de una metafísica elaborada, de notable idealismo espiritual.

Finalmente, la primacía absoluta corresponde a la cámara nupcial. Con ella se unía el alma y el cuerpo, se unía la «imagen» (semilla pneumática del gnóstico en calidad de esposa) con su «ángel». Unión realizada aquí abajo como anticipación a la unión definitiva en el plano espiritual. El gnóstico que había consumado esta unión en sí mismo se hacía con ello inmune a los ataques de los espíritus inmundos durante su vida terrena y también después de la muerte.

Evangelio según Felipe

1. Un hebreo hace a un hebreo, quien además es llamado de esta manera: prosélito. Pero un prosélito no hace a otro prosélito. Algunos son como [...] y también influyen a otros mientras que los demás se contentan con existir.

2. El esclavo sólo aspira a ser libre y no ambiciona los bienes de su señor; pero el hijo no es sólo hijo, sino que reclama para sí la herencia del padre.

3. Los que heredan de los muertos están muertos ellos mismos y son herederos de quienes están muertos. Los que heredan de quien está vivo viven ellos mismos y son herederos de quien está vivo y de quienes están muertos. Los muertos no heredan de nadie, pues ¿cómo va a heredar el que está muerto? Si el muerto

hereda de quien está vivo, no morirá, sino que vivirá con mayor motivo.

4. Un gentil (un muerto) no muere, pues no ha vivido nunca para que pudiera morir. Quien ha confiado en la verdad ha encontrado la vida y corre peligro de morir, pues está vivo.

5. Desde el día de la venida del Cristo el sistema (el kosmos) es creado, las ciudades se construyen, lo muerto se lleva fuera.

6. En los días en que éramos hebreos éramos huérfanos, teniendo solamente nuestra Madre (la Espíritu). Pero al convertirnos en crísticos, el Padre se une con la Madre.

7. Quienes siembran en invierno cosechan en verano. El invierno es el mundo, el verano es el otro eón. ¡Sembremos en el mundo para cosechar en el verano! A causa de esto, es apropiado que no oremos en el invierno. Lo que emerge del invierno es el verano. Pero si alguien cosecha en el invierno, no cosecha sino que arrancará, puesto que de esta manera no se producirá fruto. No solamente no sale en el invierno, sino que incluso en el otro sábado permanece [...] sin fruto.

8. Vino el Cristo para rescatar a algunos, a otros los liberó y a otros expió. Pagó rescate por los alienados, los trajo a sí mismo. Y libró a quienes vinieron a él, según su voluntad. No solamente al manifestarse deponía voluntariamente su alma, sino que desde el día en que el mundo se originó, Él deponía su alma. Cuando quiso vino lo más temprano para recuperarla, ya que ella era puesta entre los prometidos. Ella había caído bajo los ladrones y había sido capturada, pero Él la libró. Él

expió tanto por los buenos como por los malos en el mundo.

9. La luz y la oscuridad, la vida y la muerte, la derecha y la izquierda, son hermanos entre sí. No es posible separar los unos de los otros. A causa de esto, ni es bueno lo bueno, ni es malo lo malo, ni es vida la vida, ni es muerte la muerte. Así, cada individuo será disuelto hasta su propio origen desde el principio. Mas quienes han sido exaltados por encima del mundo son indisolubles y eternos.

10. Los nombres que dan los mundanos, contienen gran engaño. Pues sus corazones pasan de la realidad hacia la irrealidad. Y quien oye la palabra «Dios» no piensa en la realidad sino que es forzado a pensar en la irrealidad. Así también con las palabras «el Padre» y «el Hijo» y «El Espíritu Santo» y «la vida» y «la luz» y «la resurrección» y «la iglesia» y todas las demás no suelen pensar en la realidad sino que son forzados a pensar en la irrealidad. A no ser que conozcan la realidad. Se quedan en el mundo, piensan en la irrealidad. Si estuvieran en el eón *(eternidad)*, no designarían nada como mundano ni se ubicarían en asuntos mundanos. Tendrían su realidad en la eternidad.

11. Solamente un nombre no pronuncian en el mundo: el nombre que el Padre se da a sí mismo en el Hijo. Éste es superior a otro nombre. Pues el Hijo no se convertirá en el Padre a menos que se apropie el nombre del Padre. Quienes han realizado este nombre lo entienden, pero no hablan de él. Mas quienes no lo tienen, tampoco lo entienden. La verdad engendra estas palabras en el mundo para el bien de nosotros. No sería posible aprenderla sin estas palabras. La verdad se

hace única y múltiple por amor a nosotros, para enseñarnos este único nombre a través de muchos.

12. Los arcontes quisieron engañar al ser humano, porque percibían que estaba en parentesco con lo verdaderamente bueno. Así tomaron la palabra «bueno», la aplicaron a lo no-bueno para que con palabras le engañaran y le ataran en lo no-bueno. Y después, cuando se promulgue la gracia a ellos, serán separados de lo no-bueno y puestos en lo bueno, que ellos ya habían conocido. Pues querían raptar al hombre libre y mantenerlo como esclavo suyo para siempre. Hay potencias dadas a los humanos... no quieren que sepa el hombre, para que se hagan amos sobre él. Pues donde queda la humanidad, hay esclavitud.

13. Se hacían sacrificios, [...] y se ofrecían animales a las potestades. [...] En verdad se los ofrecían vivos, pero al ser ofrecidos murieron. Mas el humano muerto fue ofrecido a Dios, y vivió.

14. Antes de la venida del Cristo no había pan en el mundo como había en el paraíso, el lugar donde estaba Adán. Había muchas plantas para alimento de los animales, mas no había grano como alimento para la humanidad. Por eso comían los humanos como los animales. Pero vino el Cristo, la persona perfecta. Trajo pan supersubstancial para que la humanidad se nutriera con alimento de hombre.

15. Los arcontes creían que por su propia fuerza y voluntad hacían lo que hacían. Mas la Espíritu Santa en secreto estaba dando energía a todo por medio de ellos, según la voluntad de ella.

16. La verdad se siembra desde el origen por todas partes, y la multitud la mira sembrada. Pero de quienes la ven, pocos la cosechan.

17. Algunos dicen que Máriam fue preñada por la Espíritu Santa. Se engañan, no saben lo que dicen. ¿Cuándo jamás fue hembra preñada por hembra? Máriam es la virgen a quien ninguna potencia ha profanado. Ella es la gran consagración para los apóstoles hebreos y para los apostólicos. Si las potencias trataran de profanar a esta virgen, se profanarían a sí mismos. Y el Amo no dijo «mi Padre en el cielo», si no hubiera tenido otro padre, sino que habría dicho simplemente «mi Padre».

18. El Amo dijo a los discípulos: [...] En verdad entrad en la casa del Padre, mas no poseáis nada en la casa del Padre ni os llevéis nada.

19. Yeshúa es un nombre secreto, Cristo es nombre revelado. Por eso Yeshúa no existe en otras lenguas, sino su nombre es Yeshúa como se llama. Mas su nombre Cristo en arameo es Mesías, pero en jónico es: CRISTOS. En total, está en todas las demás lenguas con arreglo a la palabra para «ungido» de cada una. El Nazareno revelado es el secreto.

20. Cristo encierra todo en sí mismo, sea humano o ángel o misterio, incluso al Padre.

21. Suelen decir que primero murió el Amo y luego se levantó; se engañan. Pues primero se levantó y luego murió. Si alguien no consigue primero levantarse (resucitar), él morirá; porque en realidad no está vivo hasta que Dios le cambie.

22. Nadie esconderá un objeto precioso de valor dentro de un recipiente costoso, sino que muchas veces se ha guardado algo con valor incalculable en un recipiente que valía una miseria. Así es con el alma: algo precioso que ha llegado a caer en un cuerpo despreciable.

23. Hay quienes tienen miedo de levantarse desnudos. Por eso desean levantarse en la carne y no saben que aquellos que se visten de la carne son los desnudos. [...] Quienes se atreven a desvestirse (de la carne) son los que no están desnudos.

24. Pablo declara que «la carne y la sangre no pueden heredar la soberanía de Dios». ¿Qué es esto que no va a heredar? Esto que llevamos encima. ¿Pero qué es exactamente lo que va a heredar? Lo que pertenece a Yeshúa con su carne y sangre. Por eso, él dijo: Quien no come mi carne y bebe mi sangre, no tiene vida dentro de sí mismo. ¿Qué es su carne? Es el Logos. ¿Y su sangre? Es la Espíritu Santa. Quien ha recibido éstos tiene alimento y bebida y vestidura. No estoy de acuerdo con los otros que dicen que la carne y la sangre no se levantarán. Ambos se equivocan. Dicen que la carne no se levantará, pero dime qué va a levantarse para que podamos honrarte; dices que es la espíritu dentro de la carne y esta luz que está dentro de la carne, y el Logos también está dentro de la carne. Pues digas lo que digas, no hablas aparte de la carne. Es necesario levantarse a partir de esta carne, puesto que todo existe dentro de ella.

25. En este mundo, aquellos que se ponen un vestido valen más que el propio vestido. En el reino de los cielos valen más, sin embargo, los vestidos que quienes se los han puesto por agua y fuego, que purifican todo el lugar.

26. Los que están manifiestos lo son gracias a los que están manifiestos y los que están ocultos lo son por los que están ocultos. Hay quienes se mantienen ocultos gracias a los que están manifiestos. Hay agua en el agua y fuego en la unción.

27. Yeshúa los tomó a todos desprevenidos, pues no se manifestó como era de verdad, sino se reveló de la manera en que podrían percibirlo. Se reveló a todos ellos. Se reveló a los grandes como grande, se reveló a los pequeños como pequeño, se reveló a los ángeles como ángel y a los humanos como humano. Así su Logos se mantuvo escondido de todos. Algunos en verdad lo vieron mientras pensaban que se miraban a sí mismos. Pero cuando se manifestó en gloria encima de la montaña, no se hizo pequeño. Se hizo grandioso, mas hizo grandiosos a los discípulos para que fueran capaces de verlo hecho grandioso. Él dijo ese día en la eucaristía: Oh tú quien has apareado la luz perfecta con la Espíritu Santa, ¡aparea también nuestros ángeles con nuestras imágenes!

28. No despreciéis al Cordero, pues sin él no es posible ver al rey. Nadie podrá ponerse en camino hacia el rey estando desnudo.

29. Más numerosos son los hijos del hombre celestial que los del hombre terrenal. Si los hijos de Adán son numerosos —a pesar de ser mortales—, ¡cuánto más los hijos del hombre perfecto, que no mueren, sino que son engendrados ininterrumpidamente!

30. El Padre crea a un Hijo, mas el Hijo mismo no puede crear a un hijo. Pues es imposible para el engendrado que engendre por su propia parte. Sino que el Hijo engendra para sí mismo a hermanos en lugar de hijos.

31. Todos los que son engendrados en el mundo se engendran físicamente, y los otros se engendran espiritualmente. Los que se engendran de éste, dan gritos allí a la humanidad para alimentarles en la promesa de la meta que queda arriba. [...]

32. El Logos sale de la boca. Y quien se alimenta de la boca, se perfeccionará. Los perfectos son concebidos por un beso, y nacen. Por eso nos besamos también unos a otros, para recibir concepción en nuestra gracia mutua.

33. Había tres Máriames que caminaban todo el tiempo con el Amo: su madre, su hermana y la Magdalena, ella que es llamada su pareja. Así su verdadera Madre, Hermana y Pareja, también se llama «Máriam».

34. «Padre» e «Hijo» son nombres sencillos, «Espíritu Santa» es nombre compuesto. Pues el Padre y el Hijo están en todas partes, arriba y abajo, en secreto y en manifiesto. La Espíritu Santa es el secreto de arriba dentro de la manifestación de abajo.

35. Los perfectos son servidos por las potestades opresivas, pues esas son cegadas por la Espíritu Santa para que piensen que asisten a un humano, cuando en realidad están trabajando para los perfectos. A causa de esto, cuando un día un discípulo le pidió al Amo algo mundano, él le dijo: Pide a tu Madre, y ella te regalará de lo ajeno.

36. Los apóstoles dijeron a los discípulos: ¡Que toda nuestra ofrenda obtenga sal! Ellos llamaban «sal» a la Sofía, sin ella ninguna ofrenda se hace aceptable.

37. La Sofía es estéril sin el Hijo, por eso ella es llamada sal. Mas en el lugar [...] la Espíritu Santa tiene muchos Hijos.

38. Todo lo que el Padre posee, le pertenece al Hijo. Y también él, el Hijo, mientras es pequeño, el Padre no le confía lo suyo. Mas cuando madura, el Padre le regala todo lo que Él mismo tiene.

39. Cuando los engendrados por la Espíritu yerran, yerran también por Ella. Así por el mismo aliento, el fuego tanto arde como se apaga.

40. La sabiduría (*echamoth*) es una cosa y la sabiduría muerta (*echmoth*) es otra. La sabiduría (*echamoth*) es la Sofía, mas la sabiduría muerta (*echmoth*) es sabiduría de la muerte, la que conoce la muerte y es llamada la Sofía trivial.

41. Hay animales que son sometidos a la humanidad, tales como la vaca y el burro y otros de este tipo. Hay otros que no son sometidos y viven aparte en la naturaleza. El hombre ara el campo por medio de los animales sometidos, y de esto se alimenta a sí mismo y también a los animales, ya sean domesticados o salvajes. Así es con el Hombre Perfecto: dará gracias a las Potencias sometidas, suministrando para todo lo que existe. Pues por esto se mantiene en pie el lugar entero, ya sean los buenos o los malos, tanto los de la derecha como los de la izquierda. La Espíritu Santa apacienta a todos y manda a todas las Potencias, tanto a los sometidos como a los no-sometidos y aislados. Pues en verdad ella continúa [...] controlándolos más allá de la propia voluntad de ellos. [...]

El Evangelio según Felipe

42. Adán fue formado, mas no descubrirás que sus hijos son formaciones nobles. Si no fuera formado sino engendrado, descubrirías que su semilla era noble. Pero por ahora, ha sido formado y ha engendrado a su vez. ¿Qué nobleza es ésta?

43. El adulterio ocurrió primero, luego el homicidio. Y Caín se engendró en adulterio, pues era el hijo de la serpiente. Por eso llegó a ser un homicida tal como su padre, y mató a su hermano. Pues cada apareamiento que ha ocurrido entre disimilares es adulterio.

44. Dios es tintorero. Tal como los buenos tintes que son llamados verdaderos dan nombre a las cosas que han sido permanentemente teñidas con ellos, lo mismo ocurre con quienes Dios tiñe. Puesto que sus tintes son permanentes, los teñidos se hacen inmortales por la coloración de él. Pues Dios sumerge a quienes bautiza, en un diluvio de aguas.

45. Nadie puede ver nada de los que están establecidos, a menos que llegue a ser como ellos. No es como la persona que está en el mundo—mira el sol sin convertirse en sol, y mira el cielo y la tierra y todas las demás cosas sin convertirse en ellos. Mas en la verdad es así: tú mismo viste algo de aquel lugar y llegaste a estar allí. Miraste a la Espíritu, te convertiste en espíritu; miraste a Cristo, te convertiste Cristo; miraste al Padre, te convertirás en Padre. Así en el mundo [...] miras todo y [...] no te ves a ti mismo. Pero allí sí te verás. Pues lo que ves, en eso te convertirás.

46. La fe (*Pistis*) recibe, el amor regala. Nadie puede recibir sin fe, nadie puede dar sin amor. Por eso tenemos fe para recibir, pero amamos para dar en verdad. De

otro modo, si alguien da sin amor, no saca provecho de lo que ha dado.

47. Quien no ha recibido al Amo, todavía es hebreo.

48. Los apóstoles que nos precedieron le llamaban así: Yeshúa el nazirito, Mesías, es decir, Yeshúa el nazirito, el Cristo. El último nombre es el Cristo, el primero es Yeshúa, el del medio es el nazirito. Mesías tiene dos significaciones: tanto ungido como el medido. Yeshúa en arameo, es la expiación. Nazara es la verdad, por eso el nazirito es el verdadero. El Cristo es la medición, el nazirito y Yeshúa son los que han sido medidos.

49. Si se arroja la perla en el lodazal, no pierde su valor, ni tampoco se hace más preciosa si se unge con ungüento de bálsamo. Sino que tiene su gran valor para su propietario en todo momento. Así es con los Hijos de Dios, pase lo que pase con ellos, conservan el gran valor para su Padre.

50. Si dices «Soy judío», nadie se preocupará. Si dices «Soy romano», nadie se turbará. Si dices «Soy griego, bárbaro, esclavo o libre», nadie se perturbará. Si dices «Soy crístico», todos temblarán. ¡Que hable yo de tal manera que [...] no puedan resistir al oír este nombre!

51. Dios es antropófago. Por eso se le sacrifica la humanidad. Antes de que se sacrificara al humano, se sacrificaban los animales. Pues estos a quienes sacrificaban, no eran divinidades.

52. Tanto las vasijas de vidrio como las vasijas de barro, se hacen por fuego. Pero si las de vidrio se quiebran, se hacen de nuevo, pues han sido hechas por un soplo (espíritu). Mas si las de barro se quiebran, son destruidas, pues no se han hecho por un soplo (espíritu).

53. Un burro, dando vueltas alrededor de una piedra de molino, caminó cien millas. Cuando lo desataron, se encontró a sí mismo todavía en el mismo lugar. También hay hombres que viajan mucho pero no llegan a ningún lugar. Cuando les anochece, no divisan ni ciudad ni pueblo ni creación ni naturaleza ni potencia ni ángel. ¡En vano se han esforzado los miserables!

54. La eucaristía es Yeshúa, pues en arameo es llamado *farisatha*, esto es, el extendido. Yeshúa vino, pues, para crucificar el mundo (*kosmos*).

55. El Amo entró en la tintorería de Leví. Tomó 72 colores, los echó en la cubeta. Los sacó a todos blancos, y dijo: Así ha venido el hijo de la humanidad, como tintorero.

56. La sabiduría (Sofía) que los humanos llaman estéril, es la Madre de los Ángeles. Y la pareja de Cristo es Máriam Magdalena. El Amo amaba a Máriam más que a todos los demás discípulos, y él la besaba a menudo en su boca. Le dijeron: ¿Por qué la amas a ella más que a todos nosotros? El Salvador respondió: ¿Por qué no os amo a vosotros como a ella?

57. Mientras un ciego y un vidente están en la oscuridad, no se distinguen entre sí. Pero cuando venga la luz, entonces el vidente verá la luz, mas el ciego quedará en las tinieblas.

58. El Amo dijo: Bendito sea quien existía antes de que entrara en el ser. Pues quien existe, tanto existía como existirá.

59. La exaltación del hombre no es manifiesta, sino que está implícita. Por eso domina los animales que son más fuertes que él, tanto en apariencia como en realidad. Y les da a ellos su sustento. Cuando el hombre se separa de ellos, se matan y se muerden y se devoran unos a otros, porque no encuentran alimento. Mas ahora que el hombre ha trabajado la tierra han encontrado su sustento.

60. Si alguien baja a las aguas y sube de nuevo sin recibir nada y dice «soy crístico», ha tomado el nombre en préstamo. Pero si recibe a la Espíritu Santa, le es regalado el nombre y lo posee. A quien ha recibido un regalo nadie se lo quita, mas a quien toma un préstamo se le reclama.

61. Así es, cuando alguien conoce [...] en un misterio, el misterio del matrimonio es grandioso. Pues el mundo es complejo: el sistema se basa en la humanidad, mas la humanidad se basa en el matrimonio. Por eso tened presente la relación sexual pura, pues tiene gran poder. Su imagen implica una fusión de cuerpos.

62. Entre los espíritus impuros hay varones y hembras. Los varones en efecto son quienes se aparean con las almas alojadas en una forma femenina, mas las hembras son quienes se juntan con una forma masculina, ambos por disparidad. Y nadie podrá escapar de éstos una vez que le agarren, a menos que disponga de una potencia tanto masculina como femenina, esto es esposo y esposa, en la cámara nupcial. Cuando las mujeres necias ven a un hombre sentado solitario, se lanzan sobre él para bromear con él y contaminarle. Así también los hombres necios, cuando ven a una mujer hermosa sentada sola, la seducen o la fuerzan por el deseo de contaminarla. Pero si ven al hombre

sentado junto con su mujer, las hembras no pueden violar al varón ni pueden los varones violar a la hembra. Así es, si la imagen y el ángel se aparean entre sí, tampoco puede nadie atreverse a contaminar al varón o a la hembra. Quien se sale del mundo, ya no puede caer preso porque ya estuvo en el mundo. Es evidente que ha superado tanto la concupiscencia como el miedo. Es amo sobre los deseos, vale más que los celos. Y si la multitud viene para agarrarlo y ahogarlo, ¿cómo no podrá escapar por... de Dios? ¿Cómo puede temerles? Muchas veces hay algunos que vienen y dicen: Somos fieles, ¡escondednos de espíritus impuros y demonios! Mas si tuvieran la Espíritu Santa, ningún espíritu impuro los agarraría.

63. No temas la carne, ni la ames. Si la temes, te esclavizará. Si la amas, te devorará y te impedirá moverte.

64. Uno existe o en este mundo o en la resurrección o en las regiones de transición. ¡Que no ocurra que me encuentre en esas regiones. En este mundo hay lo bueno y lo malo. Los buenos no son buenos, y los malos no son malos. Pero hay maldad después de este mundo, la cual en verdad es mala y que es llamada la «transición» o sea la muerte. Mientras estamos en este mundo es conveniente esforzarse por conseguir levantarnos, a fin de que al ser despojados de la carne nos encontremos en el reposo y no vaguemos en la transición. Pues muchos se extravían en el camino, bueno es salir del mundo antes de desviarse definitivamente.

65. Algunos ni quieren ni pueden; otros quieren pero no se benefician, porque no realizan lo correcto pues el deseo les hace errar la dirección. Pero no desear la justicia, les oculta tanto el querer como el poder.

66. Un apostólico en una visión, vio a algunos [...] que estaban encerrados en una casa en llamas, gritando, arrojados [...] en las llamas. [...] Aun el agua en aquel lugar arde, y se declaran a sí mismos: [...] ¡Las aguas no pueden salvarnos! Recibieron la muerte como castigo. Ésta es llamada las tinieblas exteriores. El enemigo viene en agua con fuego.

67. El Alma y el Espíritu se forman partiendo del agua, fuego y luz, (por mediación) del Hijo, en la cámara nupcial. El fuego es el crisma, la luz es el fuego. No estoy hablando de ese fuego que no tiene forma, sino del otro cuya forma es blanca y que es refulgente y hermoso e irradia hermosura.

68. La verdad no viene desnuda al mundo, sino que viene en símbolos e imágenes. El mundo no la recibirá de otra manera. Hay un nacimiento de arriba junto con una imagen de este nacimiento de arriba. Es de verdad apropiado nacer de nuevo por la imagen. ¿Qué es la resurrección con su imagen? Es apropiado levantarse por la imagen. ¿La cámara nupcial con su imagen? Es apropiado entrar en la verdad. Ésta es la restauración. Es apropiado nacer no solamente de las palabras «el Padre con el Hijo con la Espíritu Santa», sino también nacer de ellos mismos. A quien no nace de ellos, se le quitará también el nombre. Mas uno los recibe en el crisma que se obtiene con el bálsamo de la fuerza [...] que los apóstoles llamaban: «el de la derecha» y «el de la izquierda». Uno así ya no es un crístico (o cristiano) sino un cristo.

69. El Amo lo hizo todo por un misterio: bautismo, crisma, eucaristía, expiación y santa cámara nupcial.

70. Él dijo: Yo he venido para hacer el exterior como el interior y lo de arriba como lo de abajo. Él se representa aquí en símbolos. [...] Ella es la unidad que queda arriba. Quien se manifiesta [...] de allí es llamado: el que está abajo. Y tiene lo escondido que queda allí sobre él. Pues bueno es, lo que se expresa: la parte interior y la parte exterior y la que está fuera del exterior. A causa de esto, el Amo llamaba a la destrucción: las tinieblas más exteriores, fuera de las cuales no hay nada. Dijo: Tu Padre que está en secreto. Dijo: Entra en tu armario, cierra tu puerta detrás de ti y ora a tu Padre que está en secreto. Éste es el que está en el interior de todos. El que está dentro de todos es la plenitud (Pleroma) y más allá de Él no hay nada. Esto es lo que significa: El que está por encima de todos.

71. Antes de Cristo salieron algunos del lugar donde no habían de volver a entrar y entraron en el lugar de donde no habían de volver a salir. Pero Cristo, con su venida, sacó a aquellos que habían entrado y metió a aquellos que habían salido.

72. En los días en que Eva estaba dentro de Adán, no existía la muerte. Cuando ella se separó de él, la muerte empezó. Si ella entra de nuevo y él la recibe, la muerte ya no existirá.

73. «¡Dios mío! ¡Dios mío! ¿Por qué, Señor, me has abandonado?» Esto dijo Él sobre la cruz después de separar este lugar de todo lo que había sido engendrado por [...] a través de Dios. El Señor resucitó de entre los muertos.... Mas su cuerpo era perfecto: tenía sí una carne, pero ésta era una carne de verdad. Nuestra carne al contrario no es auténtica, sino una imagen de la verdadera.

74. La Cámara Nupcial no es para los animales ni para los esclavos ni las hembras impuras, sino que es para los varones libres y las vírgenes.

75. Por la Espíritu Santa somos en verdad nacidos, y nacidos de arriba por Cristo. En ambos somos ungidos por el Espíritu y habiendo nacido de nuevo, nos apareamos.

76. Nadie podrá mirarse a sí mismo, o en el agua o en un espejo, sin luz. Ni tampoco podrás mirarte, aun teniendo luz, sin agua o espejo. Por eso es necesario bautizarse con dos cosas: luz y agua. Mas la luz es el crisma.

77. Tres eran los lugares en que se hacían ofrendas en Jerusalén: uno que se abría hacia el Poniente, llamado el «Santo»; otro abierto hacia el Mediodía, llamado el «Santo del Santo», y el tercero abierto hacia el Oriente, llamado el «Santo de los Santos», donde sólo podía entrar el Sumo Sacerdote. El bautismo es el «Santo», la redención es el «Santo del Santo», mientras que la cámara nupcial es el «Santo de los Santos». El bautismo trae consigo la resurrección y la redención, mientras que ésta se realiza en la cámara nupcial. Mas la cámara nupcial se encuentra en la cúspide de.... Tú no serás capaz de encontrar [...] aquellos que hacen oración [...] Jerusalén [...] Jerusalén.... Jerusalén [...] llamada «Santo de los Santos» [...] el velo [...] la cámara nupcial, sino la imagen.... Su velo se rasgó de arriba abajo, pues era preciso que algunos subieran de abajo arriba.

78. Quienes se visten con la luz perfecta, las potencias ni pueden verlos ni detenerlos. Queda claro que uno se viste con luz en el sacramento de la unión sexual.

79. Si la hembra no se hubiera separado del varón, ella no habría muerto con él. La separación de ella fue el origen de la muerte. Por eso vino Cristo, para que pudiera anular la separación que había prevalecido desde el principio y aparear a los dos de nuevo, y para dar vida a aquellos que habían muerto por la separación y unirlos de nuevo. Pues la hembra se aparea con su marido en la cámara nupcial. Quienes se aparean en la cámara nupcial ya no se separarán. Por eso Eva se separó de Adán, porque ella no se había apareado con él en la cámara nupcial.

80. El alma de Adán entró en la existencia por una Espíritu (soplo, respiración o hálito). La Espíritu regalada a (Adán) es su Madre y se le da con su alma. Mas porque él no fue apareado [...] en el Logos, las potencias dominantes le hechizaron. Pero quienes se aparean en secreto con la Espíritu Santa,... son invitados individualmente a la cámara nupcial, donde son apareados.

81. Yeshúa se reveló al lado del río Jordán. La plenitud de la soberanía de los cielos, quien precede a la totalidad, nació de nuevo. El que antes había sido ungido, fue ungido de nuevo. El que había sido expiado, expió de nuevo.

82. Si es apropiado decir un misterio, el Padre de la totalidad apareó con la Virgen (*partenos*) que había descendido y un fuego brilló para él aquel día. Él reveló la gran cámara nupcial. De esta manera, su cuerpo entró en la existencia aquel día. Él emergió de la cámara nupcial como alguien surgido del esposo y la esposa. Así Yeshúa estableció la esencia de la totalidad. Y es apropiado que cada uno de sus discípulos entre en el reposo de él.

83. Adán entró en la existencia por dos vírgenes: por la Espíritu y por la virgen tierra. Por eso Cristo fue engendrado por una virgen, para rectificar la caída que había ocurrido en el principio.

84. Hay dos árboles en el paraíso: el uno produce bestias, el otro produce humanos. Adán comió del árbol que produce bestias, y al convertirse en una bestia él engendró bestias. A causa de esto, las bestias entonces fueron adoradas. Adán comió el fruto de aquel árbol, [...] y esto produjo muchos frutos [...] que también fueron comidos. Los humanos engendraban a humanos y adoraban a humanos.

85. Dios crea a la humanidad, y la humanidad crea dioses. Así es en el mundo: los humanos crean dioses y adoran las obras de sus manos. ¡Sería más apropiado que los dioses adoraran a los humanos!

86. Así es la verdad con respecto a los hechos de la humanidad: los que salen por su poder, por eso son llamadas obras, mas sus creaciones son sus hijos que salen por su reposo. A causa de esto, su poder gobierna en sus obras, mas su reposo se manifiesta en sus hijos. Y averiguarás que esto también penetra por la imagen: ésta es el Hombre Reflejado: haciendo sus obras en su poder, mas engendrando a sus Hijos en su reposo.

87. En este mundo los esclavos trabajan para los libres. En la soberanía de los cielos, los libres sirven a los esclavos: los Hijos de la cámara-nupcial sirven a los hijos del matrimonio. Los Hijos de la cámara-nupcial tienen un nombre único, comparten el reposo, y no carecen de nada. [...]

88. La contemplación de las imágenes es la mayor [...] de las glorias.

89. Quienes bajan al agua no bajan a la muerte, porque el Cristo expió para aquellos que se realizan en su nombre. Pues dijo: Tenemos que cumplir con toda rectitud.

90. Quienes dicen que primero hay que morir para luego resucitar, se engañan. Si no se levantan primero mientras viven, no recibirán nada cuando mueran. Así se dice también del bautismo proclamando que es grandioso, porque quienes lo reciben vivirán.

91. Felipe el apóstol dice: José el artesano plantó un jardín porque necesitaba madera para su oficio. Él construyó la cruz con los árboles que había plantado, y su semilla se colgó en lo que había plantado. Su semilla es Yeshúa, y la planta es la cruz. Pero el árbol de la vida está en el centro del paraíso, y también el olivo del que viene el crisma (aceite, óleo) por medio de la que nos viene la resurrección.

92. Este mundo es necrófago: todo lo que en él se come se ama también. La verdad, en cambio, se nutre de la vida misma, por eso ninguno de los que de ella se alimentan morirá. Jesús vino del otro lado y trajo alimento de allí. A los que lo deseaban dio Él vida para que no murieran.

93. Dios plantó un paraíso; el hombre vivió en el paraíso.... Este paraíso es el lugar donde se me dirá: «Hombre, come de esto o no comas de esto, según tu antojo». Éste es el lugar donde yo comeré de todo, ya que allí se encuentra el árbol del conocimiento. Éste causó allí la muerte de Adán y dio, en cambio, aquí vida a los hombres. La ley era el árbol: éste tiene la propiedad de facilitar el conocimiento del bien y del mal, pero ni le alejó al hombre del mal ni le confirmó en el bien, sino que trajo consigo la muerte a todos aquellos que de él comieron; pues al decir: «Comed esto, no comáis esto», se transformó en principio de la muerte.

94. El crisma (aceite, óleo) es superior al bautismo, pues es por el crisma por lo que somos llamados crísticos, y no por el bautismo. Y por el crisma, él es llamado el Cristo, pues el Padre ungió al Hijo, el Hijo ungió a los apóstoles y los apóstoles nos ungieron a nosotros. Quien es ungido tiene todo: tiene la resurrección, la luz, la cruz, la Espíritu Santa. El Padre le regaló esto en la Cámara Nupcial, y lo recibió.

95. El Padre quedó en el Hijo, y el Hijo en el Padre. ¡Esto es el reino de los cielos!

96. Con razón dijo el Señor: «Algunos entraron sonriendo en el reino de los cielos y salieron...». Un cristiano [...] e inmediatamente descendió al agua y subió siendo señor del Todo; no porque fuera una broma, sino porque despreciaba esto como indigno del reino de los cielos. Si lo desprecia y lo toma a broma, saldrá de allí riendo.

97. Así es en total con el pan y el cáliz y con el crisma (aceite, óleo) si bien hay otro misterio superior a estos.

98. El mundo fue creado por culpa de una transgresión, pues el que lo creó quería hacerlo imperecedero e inmortal, pero cayó y no pudo realizar sus aspiraciones. De hecho, no había incorruptibilidad ni para el mundo ni para quien lo había creado, ya que incorruptibles no son las cosas, sino los hijos, y ninguna cosa

podrá ser perdurable de no ser que se haga hijo, pues, ¿cómo podrá dar el que no está en disposición de recibir?

99. El cáliz de la oración contiene vino y agua, ya que sirve de símbolo de la sangre, sobre la que se hace la acción de gracias. Está lleno del Espíritu Santo y pertenece al hombre enteramente perfecto. Al beberlo haremos nuestro al hombre perfecto.

100. El agua hace un cuerpo. Es apropiado que nos vistamos del Hombre Viviente. A causa de esto, cuando alguien baja al agua, se desnuda para vestirse con esa.

101. Un caballo engendra un caballo, un hombre engendra un hombre y un dios engendra un dios. Lo mismo ocurre con el esposo y la esposa: sus hijos tuvieron su origen en la cámara nupcial. No hubo judíos que descendieran de griegos mientras estaba en vigor la Ley. Nosotros, en cambio, descendemos de judíos a pesar de ser cristianos.... Éstos fueron llamados [...] «pueblo escogido» de [...] y «hombre verdadero» e «Hijo del hombre» y «simiente del Hijo del hombre». Ésta es la que llaman en el mundo «la raza auténtica».

102. La unión sexual en este mundo es el varón con la hembra, el lugar de la fuerza sobre la debilidad. Para la eternidad la unión sexual es algo distinta pero semejante, pues es llamado con estos mismos nombres. Hay otra unión sexual exaltada más allá que todos los nombres designados y que trasciende a la fuerza. Pues donde hay fuerza, se hallan también quienes son más preciosos que la fuerza. El uno no es y el otro es, pero ambos son una misma cosa. La de aquí (la unión sexual mundana) nunca sobrepasa lo carnal.

103. ¿No es preciso para todos los que tienen la totalidad, que se conozcan a sí mismos por completo? Algunos en verdad no se han conocido a sí mismos completamente y no gozarán lo que poseen. Mas quienes se han conocido a sí mismos completamente lo disfrutarán.

104. No solamente no podrán llegar al Hombre Perfecto, sino que tampoco lo podrán ver, pues si lo vieran llegarían a él. De ninguna otra manera podrá alguien alcanzar esta gracia, a no ser que se revista de la luz perfecta y se convierta él mismo en una luz perfecta. [...] Así vestido, entra en esta perfección.

105. Es preciso que nos hagamos hombres perfectos antes de que salgamos del mundo. Quien ha recibido el Todo sin ser señor de estos lugares no podrá dominar en aquel lugar, sino que irá a parar al lugar intermedio como imperfecto. Sólo Jesús conoce el fin de éste.

106. El santo es enteramente sagrado, incluso su cuerpo. Pues si recibe el pan lo santifica, o el cáliz, o cualquier otra cosa que reciba, la purifica. ¿Y cómo no va a hacer santo también el cuerpo?

107. Perfeccionando el agua del bautismo, Yeshúa mató la muerte. Por esto, nosotros en verdad bajamos al agua mas no bajamos a la muerte, para que no seamos ahogados en el espíritu del mundo. Cuando respira éste, viene el invierno; pero cuando respira la Espíritu Santa, viene el verano.

108. Quien posee el conocimiento de la verdad es libre; ahora bien, el que es libre no peca, pues quien peca es esclavo del pecado. La madre es la verdad, mientras que el conocimiento es el padre. Aquellos a quienes no está permitido pecar, el mundo los llama libres.

Aquellos a quienes no está permitido pecar, el conocimiento de la verdad eleva sus corazones, esto es, los hace libres y los pone por encima de todo el lugar. El amor, por su parte, edifica, mas el que ha sido hecho libre por el conocimiento hace de esclavo por amor hacia aquellos que todavía no llegaron a recibir la libertad del conocimiento; luego éste los capacita para hacerse libres. El amor no se apropia de nada, pues ¿cómo va a apropiarse de algo, si todo le pertenece? No dice: «Esto es mío» o «Aquello me pertenece a mí», sino que dice: «Esto es tuyo».

109. El amor espiritual es vino y bálsamo. De él gozan los que se ungen con él. Mientras los ungidos permanecen, los que se paran a su lado también lo gozan. Pero si los ungidos con el crisma (aceite, óleo) dejan de ungirse y se van, los no-ungidos que solamente están parados al lado se quedarán despidiendo mal olor. El samaritano no proporcionó al herido más que vino y aceite y así sanó las heridas, pues «el amor cubre una multitud de errores».

110. Aquellos a quienes engendra la mujer, se parecerán a quien ella ama. Si es su marido se parecerán a su marido, si es un adúltero se parecerán al adúltero. A menudo, si hay una mujer que duerme con su marido por necesidad, mas su corazón está en el adúltero y ella se aparea con él y engendra, entonces el nacido a quien ella engendra se parece al adúltero. Mas vosotros que estáis con los Hijos de Dios no améis al mundo sino amad al Amo, para que lo que engendréis no se parezca al mundo sino que se parezca al Amo.

111. El humano se junta con el humano, el caballo se junta con el caballo, el burro se junta con el burro. Las especies se juntan con sus mismas especies. De esta

misma manera el espíritu se junta con el espíritu, el Logos se aparea con el Logos y la luz se aparea con la luz. Si te haces humano la humanidad te amará, si te haces espiritual el espíritu se apareará contigo, si te haces Logos el Logos se juntará contigo, si te haces iluminado la luz se apareará contigo, si te haces como los de arriba los de arriba reposarán sobre ti. Pero si te haces como caballo o burro o becerro o perro u oveja o cualquier otro animal de afuera y de abajo, ni la humanidad ni el espíritu ni el Logos ni la luz ni los de arriba ni los de adentro podrán amarte. No podrán reposar en tu corazón y no serán tu herencia.

112. El que es esclavo contra su propia voluntad, podrá ser librado. Quien ha sido librado por regalo de su Amo y se ha vendido a sí mismo para esclavizarse de nuevo, ya no podrá ser librado.

113. El cultivo en el mundo está basado en cuatro elementos: se recoge en el granero por tierra, agua, viento y luz. E igualmente, el cultivo de Dios es por cuatro: fe (*pistis*), esperanza, amor y gnosis. Nuestra tierra es la fe en la cual radicamos, el agua es la esperanza por la que nos alimentamos, el viento es el amor por el cual crecemos, mas la luz es la gnosis por la cual maduramos. [...]

114. La gracia hizo [...] que la tierra se hiciera [...] arriba en el cielo. ¡Bendita sea esta [...] alma!

115. Éste es Yeshúa el Cristo: Él iluminó el lugar entero sin agobiar a nadie. Por eso, dichoso sea el hombre perfecto de este tipo, pues así es el Logos.

116. Preguntadnos acerca de él, ya que es difícil verticalmente (describirle). ¿Cómo podremos tener éxito en esta gran obra?

117. ¿Cómo va a dar reposo a todos? Primero y ante todo, no es apropiado afligir a nadie, sea grande o pequeño, incrédulo o creyente. Y luego, suministrar reposo a quienes descansan en lo bueno. Hay quienes tienen el privilegio de suministrar reposo a los perfectos. Quien practica lo bueno no puede darles a éstos reposo de sí mismo, pues no está en su mano. Tampoco puede afligirlos, pues tampoco los oprime ni los apena. Pero el perfecto a veces los aflige, y no es que él lo haga de su maldad, sino que es la propia maldad de ellos la que los aflige. Quien es natural, da alegría a quien es bueno, mas (por esto) en consecuencia algunos se afligen terriblemente.

118. Un amo de casa se proveyó de todo: hijos, esclavos, ganado, perros, cerdos, trigo, cebada, paja, heno, huesos, carne y bellotas. Era inteligente y conocía el alimento adecuado para cada cual. A los hijos les ofreció pan, aceite y carne; a los esclavos les ofreció aceite de ricino y trigo; a los animales les echó paja y heno; a los perros les echó huesos; a los cerdos les echó bellotas y restos de pan. Lo mismo ocurre con el discípulo de Dios: si es inteligente, comprende lo que es ser discípulo. Las formas corporales no serán capaces de engañarle, sino que se fijará en la disposición del alma de cada cual y así hablará con él. Hay muchos animales en el mundo que tienen forma humana. Si es capaz de reconocerlos, echará bellotas a los cerdos, mientras que al ganado le echará cebada, paja y heno; a los perros les echará huesos, a los esclavos les dará alimentos rudimentarios, y a los hijos lo perfecto.

119. Existe el Hijo del Hombre y existe el Nieto del Hombre. El Amo es el Hijo del Hombre y el Nieto del Hombre es quien es creado por el Hijo del Hombre. El Hijo del Hombre recibió de Dios (la capacidad) de crear y de engendrar.

120. Lo que se crea es una criatura, lo que se engendra es un niño. Quien crea no puede engendrar, quien engendra puede crear. Suelen decir: quien crea, engendra. Pero lo que engendra, es una criatura. Por eso los engendrados de alguien no son sus hijos, sino.... Quien crea, actúa manifiestamente y él mismo se manifiesta. Quien engendra, actúa en secreto y él mismo se esconde de la imagen. El que crea, en verdad crea visiblemente, mas quien engendra a los hijos los engendra en secreto.

121. Nadie podrá saber en qué día el varón y la hembra se aparean entre sí, aparte de ellos mismos. Pues el matrimonio mundano es un misterio para quienes han tomado esposa. Si el matrimonio de impureza es escondido, ¡cuánto más es un misterio verdadero el matrimonio inmaculado! Este no es carnal sino puro, no pertenece a la lujuria sino a la voluntad, no pertenece a las tinieblas ni a la noche sino al día y a la luz. Si esta unión se divulga es convertido en fornicación, puesto que no sólo si recibe la esposa el semen de varón es un acto de fornicación, sino también si ella divulga esta unión hacia afuera. Solamente puede divulgarse a su padre y a su madre y a un amigo íntimo del esposo y a los hijos. A estos se confiere conocer la Cámara Nupcial y contemplarla. Mas para los otros, ¡que anhelen aún oír esta sentencia y gozar su fragancia, y que se alimenten como los perros con las migajas que caen de la mesa! Esposos con esposas pertenecen a la Cámara Nupcial. Nadie podrá

contemplar lo del esposo y la esposa a menos que se inicie en este misterio.

122. Cuando a Abraham se le concedió ver lo que iba a ver, circuncidó la carne del prepucio enseñándonos que es apropiado destruir la carne [...] de este mundo.

123. Mientras sus pasiones están escondidas persisten y continúan viviendo, mas si salen a la luz perecen a ejemplo del hombre visible. Mientras las entrañas del hombre están escondidas, está vivo el hombre; si las entrañas aparecen por fuera y salen de él, morirá el hombre. Lo mismo ocurre con el árbol: mientras su raíz está oculta, echa renuevos y se desarrolla, mas cuando su raíz se deja ver por fuera, el árbol se seca. Lo mismo ocurre con cualquier cosa que ha llegado a ser en este mundo, no sólo con lo manifiesto, sino también con lo oculto: mientras la raíz del mal está oculta, éste se mantiene fuerte; pero nada más ser descubierta, se desintegra y —no bien se ha manifestado— se desvanece. Por eso dice el Logos: «Ya está puesta el hacha a la raíz de los árboles». Éste no podará, pues lo que se poda brota de nuevo, sino que cavará hasta el fondo, hasta sacar la raíz. Mas Jesús ha arrancado de cuajo la raíz de todo el lugar, mientras que otros lo han hecho únicamente en parte. Referente a nosotros: que cada uno excave hasta la raíz de la maldad que está dentro de sí mismo y arranque su raíz de su propio corazón. La arrancamos sólo cuando la reconocemos. Mas si no nos enteramos de ella, arraiga dentro de nosotros y produce sus frutos en nuestros corazones. Se hace soberana sobre nosotros y nos convertimos en sus esclavos. Nos captura y somos forzados a hacer lo que no queremos y a no hacer lo que queremos. Es poderosa porque no la reconocemos. Mientras queda subliminal, en verdad impulsa.

124. La ignorancia es la madre de todas las maldades... Aquellas cosas que vienen de la ignorancia ni existían ni existen ni existirán en realidad. Pero serán perfeccionadas cuando la verdad entera se revele. Pues la verdad se asemeja a la ignorancia, mientras está oculta reposa dentro de sí misma, mas cuando se revela y es reconocida es gloriosa porque es más fuerte que la ignorancia y el engaño y da libertad. El Logos dice: Conoceréis la verdad y la verdad os hará libres. La ignorancia es esclavitud, la gnosis es libertad. Si reconocemos la verdad, encontraremos los frutos de la verdad dentro de nosotros mismos. Uniéndonos con ella, recibiremos nuestra plenitud.

125. Ahora estamos en posesión de lo que es manifiesto dentro de la creación y decimos: «Esto es lo sólido y codiciable, mientras que lo oculto es débil y digno de desprecio». Así ocurre con el elemento manifiesto de la verdad, que es débil y despreciable, mientras que lo oculto es lo sólido y digno de aprecio. Manifiestos están los misterios de la verdad a manera de modelos e imágenes, mientras que la cámara nupcial —que es el Santo dentro del Santo— permanece oculta.

126. Los misterios de la verdad se revelan en imágenes simbólicas, así el misterio de la Cámara Nupcial, que es el Santo dentro de la Santidad, permanece escondido.

127. El velo en verdad al principio ocultaba cómo Dios gobierna la creación. Mas cuando el velo se rasgue y las cosas del interior se revelen, entonces esta casa quedará abandonada y desolada y además será destruida. Mas la Divinidad entera se apartará de estos lugares, para jamás entrar de nuevo, pues no podrá juntarse allí con la luz y con la plenitud. Entrará en los santos de las santidades, bajo las alas de la cruz y en sus brazos. Esta arca se hará salvación para nosotros cuando el cataclismo de agua los abrume.

128. Si alguien pertenece al linaje sacerdotal, se le permitirá entrar dentro del velo con el sumo sacerdote. Por eso no sólo fue rasgado el velo por la parte superior, pues si no, solamente se habría abierto para quienes estuvieran arriba. Ni fue rasgado sólo por la parte inferior, pues si no, solamente se habría revelado para quienes estuvieran abajo. Sino que fue rasgado de arriba abajo. Aquellos de arriba se nos han abierto a nosotros los de abajo, para que pudiéramos entrar en el secreto de la verdad.

129. Esto es lo verdaderamente excelente. Mas entraremos allí por medio de símbolos despreciados y por debilidades. Son en verdad humildes en comparación con la gloria perfecta. Hay una gloria por encima de la gloria, hay un poder por encima del poder. Por eso los perfectos se nos han manifestado con los secretos de la verdad. Además, los santos de las santidades se han revelado y la Cámara Nupcial nos ha invitado a entrar.

130. Mientras la maldad en verdad está escondida, queda poderosa, porque todavía no ha sido verdaderamente purgada de la semilla de la Espíritu Santa. Por ello se continúa esclavizado por la opresión. Mas cuando la luz perfecta se revele, entonces se derramará sobre todos y todos los que entren en ella recibirán el crisma (aceite, óleo). Entonces serán librados los esclavos y expiados los cautivos.

131. Toda planta que no haya plantado mi Padre que está en los cielos será arrancada. Los separados serán unidos y colmados. Todos los que entren en la cámara nupcial irradiarán luz, pues ellos no engendran como los matrimonios que [...] actúan en la noche. El fuego brilla en la noche y se apaga, pero los misterios de esta boda se desarrollan de día y a plena luz. Este día y su fulgor no tienen ocaso.

132. Si alguien se hace hijo de la Cámara Nupcial, recibirá la luz. Si no la recibe en este lugar, tampoco podrá conseguirla en otro lugar. Quien recibe la luz, no será visto ni será detenido ni tampoco le molestará nadie a alguien de este tipo, aunque socialice en el mundo. Y además, cuando salga del mundo ya ha recibido la verdad en las imágenes. El mundo se ha convertido en la eternidad, pues para él la plenitud (pleroma) es lo eterno. Y así se le revela individualmente, no escondido en la oscuridad ni en la noche sino escondido en un día perfecto y en una luz santa.

La hipóstasis de los Arcontes

La Hipóstasis de los Arcontes («La realidad de los Gobernantes Arcónticos o de los Arqueones»), es un tratado anónimo que nos muestra una interpretación esotérica del Génesis. Forma parte del códice II de Nag Hammadi y es la revelación de un ángel, que nos muestra la forma gnóstica en la que la raza del hombre, que proviene de Set, se manifiesta en la creación y en este mundo.

La Hipóstasis de los Arcontes
La realidad de las potestades

Hablando bajo la inspiración del Padre de la verdad, el gran apóstol nos transmitió la siguiente enseñanza acerca de las potestades de la oscuridad: Nuestra lucha no es contra la carne y la sangre, sino contra las potestades del mundo y contra los espíritus del mal. Puesto que me has interrogado acerca de la existencia de las potestades, te lo revelo.

El Arconte

Su jefe está ciego; debido a su poder y a su ignorancia y por su orgullo dijo con su Poder: «Yo soy dios, y ninguno hay fuera de mí». Al decir esto, pecó contra el Todo. Y esta palabra llegó hasta la Incorruptibilidad. Entonces, de la Incorruptibilidad surgió una voz que dijo: «Estás equivocado, Samael» (que es el dios de la ceguera).

Sus pensamientos se volvieron ciegos. Arrojó su potencia –es decir, la blasfemia que había dicho– y fue perseguido por Pistis Sophia (Fe - Sabiduría) hasta el caos y el abismo, que es su madre. Y ella estableció a cada uno de los hijos de él de acuerdo con aquella potencia y de acuerdo con la figura del eón superior, comenzando desde el mundo invisible fue creado el mundo visible.

Formación del hombre terrenal

La Incorruptibilidad miró hacia abajo, hacia la región de las aguas, y su imagen se manifestó en el agua; y las potestades de la oscuridad la desearon, pero no pudieron tomar la imagen que se les manifestó en las aguas, porque eran débiles, puesto que los seres que sólo tienen alma no pueden aprehender a los que tienen espíritu, porque ellos eran de abajo y la imagen era de arriba, del lugar superior. Por esto la Incorruptibilidad miró hacia abajo, hacia las regiones de las aguas, a fin de unir el todo con la luz de acuerdo con la voluntad del Padre.

Los arcontes se reunieron en asamblea y dijeron: «Tomemos tierra y creemos un hombre de barro». Y modelaron a su criatura haciéndola completamente de tierra. Ahora bien, el cuerpo que tienen los arcontes es de mujer, con rostros bestiales. Así pues, tomaron barro de la tierra y modelaron a su hombre de acuerdo con el cuerpo de ellos mismos y de acuerdo con la imagen de Dios que se les había aparecido en las aguas. Ellos dijeron: «Vamos, apoderémonos de esta imagen por medio de la forma, de manera que pueda ver su contraparte masculina, y podamos capturarla con la forma que hemos modelado», sin comprender, a causa de su impotencia, el poder de Dios.

Formación del hombre psíquico

Y sopló en su rostro y el hombre llegó a tener un alma y permaneció sobre el suelo durante muchos días, pero no le hicieron crecer porque eran impotentes. Ellos persistieron soplando como vientos tormentosos, para poder capturar la imagen que se les había manifestado en las aguas, pero ignoraban la potencia de la imagen. Sin embargo, todo esto sucedió de acuerdo con la voluntad del Padre del todo.

Creación del hombre espiritual

Después de estos sucesos, el Espíritu vio al hombre, dotado de alma, sobre la tierra. El Espíritu surgió de la tierra Adánantina, descendió y habitó en él. Aquel hombre pasó a ser un alma viviente. Y le puso por nombre Adán, puesto que fue hallado moviéndose sobre la tierra.

Adán en el Paraíso

Una voz surgió de la incorruptibilidad en auxilio de Adán. Entonces los arcontes juntaron a todos los animales de la tierra y a todos los pájaros del cielo y los llevaron a Adán para que éste pudiera darles nombre, a cada uno de los pájaros y a todos los animales. Luego tomaron a Adán y lo colocaron en el paraíso para que lo cultivara y lo custodiara. Y los arcontes le dictaron un mandamiento diciendo: «De todo árbol que está en el paraíso comerás, pero del árbol del conocimiento del bien y del mal no comas y no lo toques, pues el día que lo comiereis moriréis». Esto se lo dicen sin entender lo que les habían dicho. Tales cosas le dijeron de esta manera precisamente por la voluntad del Padre, a fin de que comiera, y también a fin de que Adán los viera siendo ya totalmente material.

Los arcontes deliberaron y se dijeron: «Hagamos que un profundo sueño caiga sobre Adán». Y él se durmió. Ahora bien, el sueño profundo que ellos causaron es la ignorancia. Abrieron su costado y extrajeron a una mujer viviente, y luego rellenaron su costado con carne fresca en el lugar de ella, y Adán llegó a estar dotado sólo con alma, y la mujer dotada de espíritu se le acercó a él y le habló diciéndole: «Levanta, Adán». Y cuando la vio, él dijo: «Tú eres la que me ha dado vida; serás llamada madre de lo viviente». Porque es ella la que es mi madre, ella es el médico, y la Mujer, y la que ha dado nacimiento».

Entonces las potestades se acercaron a Adán, pero cuando vieron a su contraparte femenina hablando con él entraron en gran agitación y la desearon. Y se dijeron unos a otros: «Vamos a poner nuestra simiente en ella». Entonces la persiguieron y ella se burló de ellos a causa de su demencia y de su ceguera, y se transformó en árbol, y dejó ante ellos su reflexión sombría semejante a ella misma, y ellos mancillaron abominablemente a esta sombra y mancillaron el signo de su voz. Esto ocurrió de forma que se expusieron a la condenación por la forma que ellos habían modelado, conjuntamente con su propia imagen.

Entonces, el Principio Espiritual Femenino penetró en la serpiente, El Instructor, y les enseñó diciéndoles: «¿Qué os ha dicho? ¿Acaso que de todo árbol que está en el paraíso comerás, pero del árbol del conocimiento del bien y del mal no comas?». Respondió la mujer carnal: «No dijo solamente no comer, sino también: No lo toques, pues el día en que comiereis de él moriréis de muerte». Y la serpiente, El Instructor, dijo: «No moriréis de muerte; esto os lo ha dicho porque es envidioso. Más bien se abrirán vuestros ojos y llegaréis a ser como dioses, conocedores del bien y del mal». Y el Principio Instructor Femenino se salió de la serpiente y la abandonó como cosa ya puramente terrestre. Entonces la mujer carnal tomó del árbol y comió, y ofreció a su marido junto a ella. Y estos seres que poseían sólo un alma comieron.

Y en su falta de conocimiento, sus imperfecciones llegaron a ser aparentes, y reconocieron que estaban desnudos del elemento espiritual. Y tomando hojas de higuera se las ciñeron.

Entonces se acercó el gran arconte y dijo: «Adán, ¿dónde estás?», pues no sabía lo que había sucedido. Adán respondió: «Oí tu voz, y temeroso por estar desnudo, me escondí». Dijo el arconte: «¿Por qué te escondiste si no es porque comiste del árbol del que te ordené: de él sólo no comerás? ¡Y comiste!». Dijo Adán: «La mujer que me diste, ella me dio y comí». Y el arrogante arconte maldijo a la mujer. Y dijo la mujer: «La serpiente es la que me engañó, y comí». Se volvieron hacia la serpiente y maldijeron su reflexión sombría... impotentes, sin percatarse de que era una forma que ellos mismos habían modelado. Desde aquel día la serpiente quedó bajo la maldición de las potestades, hasta que el hombre todopoderoso vino, esta maldición ha ido cayendo sobre la serpiente.

Los arcontes se volvieron hacia su Adán, le tomaron y lo arrojaron del paraíso con su mujer, no hubo bendición para ellos, puesto que son indignos de la maldición.

Además los arcontes arrojaron a la humanidad en una gran confusión, dentro de una vida de trabajo, de forma que sus hombres pudieran estar atareados y no tuvieran tiempo de estar consagrados al Espíritu Santo.

Las dos razas humanas

Después de esto ella engendró a Caín, el hijo de ambos. Caín cultivaba la tierra. Después de esto, Adán conoció de nuevo a su mujer y ella concibió y engendró a Abel. Abel era pastor de ovejas. Caín ofrecía los frutos de su campo, mientras Abel ofreció uno de entre sus corderos. El dios reposó su mirada sobre las ofrendas de Abel, pero no aceptó las ofrendas de Caín. Y el Caín carnal persiguió a su hermano Abel. Entonces el dios dijo a Caín: «¿Dónde está tu hermano Abel?» Él respondió y dijo: «¿Acaso soy yo el guardián de mi hermano?». Dijo el dios a Caín: «He aquí que la voz de la sangre de tu hermano clama a mí. Has pecado por tu boca. Esta sangre recaerá sobre ti. Todo aquel que matare a Caín dejará sueltas siete venganzas. Tú, por tu parte, gemirás y temblarás sobre la tierra».

Luego Adán conoció a su contraparte femenina Eva, y ella quedó preñada y concibió a Set para Adán. Y él dijo: «He dado nacimiento a otro hombre por medio de Dios, en el lugar de Abel».

Otra vez concibió Eva y engendró a Norea, diciendo: «Él engendró para mí una virgen como auxilio de muchas generaciones de la humanidad». Ésta es la virgen que las fuerzas no mancillaron. Entonces los hombres comenzaron a multiplicarse y a desarrollarse.

El diluvio

Los arcontes se reunieron en consejo y dijeron: «Causemos un diluvio con nuestras manos y destruyamos toda carne, tanto hombres como animales». Pero cuando el arconte de las Fuerzas supo de su decisión, le dijo a Noé: «Constrúyete un arca de una madera que no se pudra y ocúltate en ella tú con tus hijos y los animales y los pájaros del cielo, tanto pequeños como grandes, y erígela sobre el monte Sir».

Entonces se le acercó Orea con el propósito de entrar en el arca y como él no podía dejarla, ella dañó el arca y le prendió fuego. Él construyó el arca por segunda vez.

El revelador

Los arcontes se acercaron a Norea con el propósito de seducirla. El jefe supremo le dijo: «Tu madre Eva vino hacia nosotros». Pero Norea se volvió hacia ellos y les dijo: «Vosotros sois los arcontes de la oscuridad, estáis malditos. Realmente no habéis conocido a mi madre, sino que a la que habéis conocido es a tu contraparte femenina. Porque yo no soy vuestra descendiente progenie; más bien es del mundo superior del que he venido». El arrogante arconte se revolvió con todo su poder y su semblante llegó a ser como negro. Con gran audacia se dirigió a ella en estos términos: «Es necesario que nos sirvas como lo hizo tu madre Eva, pues me ha sido dado...». Entonces Norea se volvió con el poder de... y con fuerte voz gritó al Santo Uno, el Dios del todo: «Rescátame de los Gobernantes de la iniquidad y sálvame de sus garras».

El Gran Ángel vino del cielo y le dijo: «¿Por qué estás gritando a Dios? ¿Por qué actúas tan intrépidamente hacia el Espíritu Santo?» Dijo Norea: «¿Quién eres tú?». Entretanto los gobernantes de la iniquidad se habían apartado de ella. El ángel dijo: «Yo soy Elelet, la sabiduría, el gran ángel que está en la presencia del Espíritu Santo. He sido enviado para hablar contigo y librarte de las garras de los que no tienen ley. Y te enseñaré cuál es tu origen».

Ahora bien, no puedo hablar de este ángel ni de su poder; su apariencia es como oro fino y su vestido es como la nieve; ¡no, mi boca no puede hablar ni de su poder ni de la apariencia de su rostro!

Elelet, el Gran Ángel, me habló y dijo: «Yo soy la inteligencia, yo soy uno de los cuatro dadores de luz, quienes están en presencia del gran Espíritu Invisible. ¿Crees que estos gobernantes tienen algún poder contra ti? Ninguno de ellos puede prevalecer contra la raíz de la verdad –porque por su causa él apareció al final de los tiempos (texto corrupto) y estos poderes serán dominados, y tampoco podrán mancillar ni a ti ni a esta raza, puesto que vuestra morada está en la Incorruptibilidad, en el lugar del Espíritu virginal, el que es superior a las potestades del caos y de su universo».

También yo dije: «Señor, enséñame acerca de la facultad de estas autoridades, por qué vinieron a la existencia y por qué clase de génesis y de qué material, y quién fue quien los creó y a su fuerza».

El origen de la materia

Y el Gran Ángel Elelet, la inteligencia, me respondió: «Dentro de los reinos ilimitados mora la Incorruptibilidad. Sophia, que es llamada Pistis, quiso crear algo, una obra ella sola, sin su consorte. Su obra resultó una cosa celestial. Existe un velo entre el Mundo de Arriba y los reinos que están abajo, y la Sombra entró en la existencia bajo el velo, y esta Sombra se convirtió en materia, y esa Sombra fue proyectada a un lugar particular. Y lo que ella había creado llegó a ser un producto en la materia, una especie de aborto. Y asumió una forma plástica moldeada fuera de la Sombra, y llegó a ser una bestia arrogante parecida a un león. Era andrógino, pues, como ya dije, provino de la materia».

El gran arconte

Al abrir sus ojos él vio una vasta cantidad de materia sin límites, entonces se exaltó orgullosamente y dijo: «Yo soy dios y no hay otro fuera de mí». Al decir esto pecó contra la totalidad. Entonces una voz surgió de arriba, de la suma potestad absoluta, diciendo: «Estás equivocado, Samael» –que es el dios de los ciegos–. Él dijo: «Si existe otro ser ante mí, que se me revele». Al momento Sophia extendió su dedo e introdujo la luz en la materia y ella la persiguió hacia abajo hasta las regiones del caos, remontando luego hacia su luz. De nuevo la oscuridad... en la materia. Este arconte, por ser andrógino, produjo para sí un gran reino, una grandeza infinita.

Y se contempló creando descendencia por sí mismo, y creó por sí mismo siete descendientes, andróginos, como su padre. Y dijo a sus hijos: «Yo soy el Dios del todo». Entonces Zoé (vida), la hija de Pistis Sophia, gritó y le dijo: «¡Estás equivocado, Sakla!» –cuyo nombre alternativo es Yaldabaoth–. Luego sopló en su rostro y su aliento se le convirtió en un ángel de fuego. Y este ángel ató a Yaldabaoth y lo arrojó al Tártaro, al lugar que está bajo el abismo.

El arconte Sabaoth

Sucedió que cuando Sabaoth, el hijo de Yaldabaoth, vio la fuerza de este ángel, se arrepintió y condenó a su padre y a su madre la materia, asqueándose de ella. En cambio, entonó himnos a Sophia y a su hija Zoé. Entonces Sophia y Zoé lo exaltaron y lo instalaron sobre el séptimo cielo, debajo del velo entre lo de Arriba y lo de abajo. Y fue denominado «dios de las potencias, Sabaoth», porque está sobre las fuerzas del caos porque Sophia lo estableció. Cuando estos acontecimientos ocurrieron, él se construyó un gran carro de querubines, dotado de cuatro rostros, con una innumerable multitud de ángeles para hacer de ministros, y arpas y liras.

Y Sophia tomó a su hija Zoé y la sentó a su derecha para enseñarle acerca de las cosas que existen en el Octavo Cielo (la ogdóada). Luego colocó al ángel de la ira a su izquierda. Desde aquel día, su derecha ha sido llamada «vida», y la izquierda ha venido a representar la iniquidad del reino de poder absoluto de arriba. Fue antes de tu tiempo cuando ellos vinieron a la existencia.

El origen de la muerte

Sucedió que cuando Yaldabaoth vio a Sabaoth en su gran esplendor y en esta elevación tuvo envidia de él. Y la envidia fue un producto andrógino y éste fue el origen de la envidia. La envidia engendró la muerte, y la muerte engendró a su descendencia y les dio a cada uno de ellos el encargo de su propio cielo; todos los cielos del caos quedaron repletos de multitud. Todo esto sucedió precisamente por

La hipóstasis de los Arcontes

voluntad del Padre del todo a fin de que se completara el número del caos.

Te he enseñado sobre los modelos de los gobernantes, y sobre la materia en la cual estaba manifestada, así como te he instruido acerca del padre de los arcontes y de su universo.

El Salvador

Pero yo dije: «Señor, ¿también yo misma formo parte de su materia?». «Tú, junto con tu descendencia, formas parte del Padre que existe desde el principio. Las almas de tus hijos proceden del lugar superior, de la luz incorruptible. Por eso las potestades no podrán aproximarse a ellas a causa del Espíritu de verdad que se halla en ellas. Todos cuantos han conocido este camino existen como inmortales en medio de una humanidad mortal. Pero esta simiente no se manifestará todavía. Sin embargo, después de tres generaciones se manifestará y extirpará de ellas la cadena del error de las potestades».

Entonces yo dije: «Señor, ¿cuánto tiempo?». Él me dijo: «Cuando el hombre verdadero, en la forma de una criatura, manifieste al Espíritu de verdad que el Padre ha enviado. Entonces éste les instruirá por entero y les ungirá con el crisma de la vida eterna que le ha sido dado por la raza indómita. Entonces expulsarán de sí mismos el pensamiento ciego y pisotearán la muerte, la de las potestades, y avanzarán hacia una luz infinita; allí es donde habita esta simiente. Entonces las potestades abandonarán sus tiempos y sus ángeles llorarán por su destrucción, y sus demonios se lamentarán por su muerte. Entonces todos los hijos de la luz conocerán con certeza la verdad junto con su propia raíz, y al Padre del todo junto con el

Los Evangelios Gnósticos

Espíritu Santo. Todos clamarán con una sola voz: «La verdad del Padre es justa, y el Hijo está sobre el todo». Y desde todas las eras de las eras: ¡Santo, Santo, Santo. Amén!».

El Evangelio de los Egipcios

Incluido en el códice III de Nag Hammadi, el Evangelio de los Egipcios es una obra misteriosa, repleta de pasajes e himnos mágicos. Pertenece a la teología de los sethitas, corriente gnóstica que, en confrontación directa con el Antiguo Testamento, mantenía que el mundo actual, imperfecto y malo, no pudo ser creado por el Absoluto bueno sino por un dios malo. En este texto vemos que en la trinidad Padre, Hijo y Espíritu Santo se sustituye a este último por la Madre. La razón es doble. Por un lado, el gnosticismo más antiguo hablaba de una madre primigenia y divina que descendía al mundo varias veces a fin de redimirlo. La segunda es que «Espíritu» en hebreo es *ruah*, que tiene género femenino. La asociación, por lo tanto, era casi inevitable al producirse un sincretismo entre elementos gnósticos antiguos y cristianos.

Resulta difícil saber con exactitud a qué grado de identificación se había llegado en este Evangelio entre Seth, Adán, el hombre primigenio y Jesús. Para algunos

Seth era el Logos preexistente que se encarnó en Jesús; para otros Jesús era el hombre primigenio. Según los sethitas, Seth era hijo de Adán, a diferencia de Caín y Abel, que lo fueron de relaciones sexuales mantenidas por Eva y un poder diabólico. Posteriormente, se identificó a Seth con Jesús y con el dios egipcio del mismo nombre. Según algunas fuentes, Seth habría transmitido a su descendencia una serie de enseñanzas esotéricas que había recibido por testimonio directo de Adán.

El Evangelio de los Egipcios

El Santo libro de los egipcios acerca del gran e invisible Padre cuyo nombre no puede ser pronunciado, el cual vino de las alturas de la luz de los eones de luz, la luz de la providencia y el Padre del silencio, la luz de la palabra y de la verdad, la luz infinita, radiación de los eones de luz, del imposible de revelar, inmarcado, sin edad, Padre imposible de proclamar, el eón de los eones, el que se creó a sí mismo, autoengendrado, autoproductor, ajeno, el realmente verdadero eón.

Tres poderes vinieron de él; son el Padre, la Madre y el Hijo. Del silencio vivo que vino del Padre incorruptible. Éstos vinieron del silencio del Padre desconocido.

De ese lugar Domedon Doxomedon vino el eón de los eones y la Luz de cada uno de los poderes. Así, el Hijo vino el cuarto, la Madre la quinta, el Padre el sexto. Fue [...] pero nadie lo anunció; es él el que permaneció sin marca entre todos los [poderes] las glorias y las incorrupciones.

El Evangelio de los Egipcios

Desde ese lugar vinieron los tres poderes, y los tres poderes que el Padre engendra en silencio con su providencia, de su seno, es decir, el Padre, la Madre y el Hijo.

El primer poder a causa del cual el Hijo tres veces masculino vino, que es el pensamiento, y la palabra y la incorrupción y la vida eterna, la voluntad, la mente y el conocimiento previo, el Padre andrógino.

El segundo poder la Madre, la virginal Barbelón epitiog [...] hay, mememeaimen [...] la cual preside el cielo, karb [...] el poder que no se puede interpretar, la madre inefable. Ella se originó de sí misma [...]; ella vino; ella estuvo de acuerdo con el Padre del silencio silencioso.

El tercer poder el Hijo del silencio silencioso, y la corona del silencio silencioso, y la gloria del Padre, y la virtud de la Madre. Él engendra del seno los siete poderes de la gran luz de las siete voces, y la palabra es su terminación.

Estos son los tres poderes, los tres que el Padre, a través de su providencia, engendró de su seno. Los engendró en ese lugar. Domedon Doxomedon vino, el eón de los eones, y el trono que es él, y los poderes que lo rodean, y las glorias y las incorrecciones, el Padre de la gran luz que vino del silencio, es el gran Doxomedon-eón en el cual descansa el hijo tres veces masculino. Y el trono de su gloria fue establecido en este sobre el cual se ha inscrito el nombre que no se puede revelar, en la tablilla [...] una es la palabra, el padre de la luz de todo, el que vino del silencio, mientras descansa el silencio. Aquel cuyo nombre está en un invisible símbolo. Un misterio escondido, invisible vino [...].

Y de esta manera los tres poderes dieron alabanza al gran, invisible, innombrable, virginal, imposible de llamar, espíritu, y a su virgen masculina. Pidieron poder. Un silencio de silencio vivo vino, es decir, las glorias y las incorrupciones en los eones [...] eones miríadas añadidas sobre [...], los tres machos, la descendencia triplemente masculina, las razas masculinas, las glorias del gran Cristo y la descendencia masculina, las razas llenaron al gran Doxomedoneón con el poder de la palabra de todo el pleroma. Entonces el hijo tres veces masculino del gran Cristo al cual espíritu invisible había ungido –aquel cuyo poder fue llamado Enón– dio alabanza al grande e invisible espíritu, y su virgen masculina Yoel y el silencio del silencio silencioso y la grandeza [...] inefable [...] inefable [...] imposible de responder y de interpretar, el primero que había venido, y al que no se puede proclamar, [...] que es maravilloso [...] inefable [...] aquel que tiene toda la grandeza de la grandeza del silencio del silencio en ese lugar. El hijo tres veces masculino dio alabanza y pidió un poder al espíritu grande, invisible y virginal.

Luego allí apareció en ese lugar [...] quién [...] quién ve glorias [...] tesoros en un [...] invisibles misterios [...] del silencio que es la virgen masculina Yoel. Luego el hijo del hijo Esefeg apareció.

Y así fue completado, el Padre, la Madre, el Hijo, los cinco sellos, el poder inconquistable que es el gran Cristo de todos los incorruptibles. [...] Santo [...] el fin, el incorruptible [...] y [...] son poderes y glorias y incorrupciones [...] vinieron [...] éste dio alabanza al misterio que no se puede revelar y que está escondido, al escondido en los eones [...] tronos [...] y todos [...] miríadas de poderes sin nombre se rindieron ante él, glorias e incorrupciones [...] y ellos [...] del Padre y de la Madre, y del Hijo y de todo el pleroma que mencioné antes y los cinco sellos y el misterio

El Evangelio de los Egipcios

de los misterios, aparecieron [...]quién preside sobre [...] los eones de [...] realmente verdaderamente [...] y los [...] eternos [...] y los eones que verdaderamente y realmente son eternos.

Luego la providencia vino del silencio y el silencio vivo del espíritu y la palabra del Padre y una luz. Los cinco 59 sellos que el Padre engendró de su seno, y pasó a través de todos los eones que mencioné antes. Y estableció tronos de gloria y miríadas de ángeles sin número que los rodearon. Poderes y glorias incorruptibles que cantan y dan gloria, todos dando alabanza con una sola voz, con un solo propósito, con una voz que nunca se torna en silencio, al Padre, a la Madre y al Hijo, y todos los pleromas que mencioné antes que son el gran Cristo, que es del silencio, que es el incorruptible hijo Telmael Telmajael Majar Majar Seth, el poder que realmente vive, y la virgen masculina que está con él, Yoel y Esefeg, el detentador de la gloria, el Hijo del Hijo y la corona de su gloria [...] de los cinco sellos, el pleroma que yo mencioné antes.

La palabra viviente y autocreada que vino, el Dios verdadero, la naturaleza no nacida, aquel cuyo nombre yo diré, diciendo [...]aia [...] zaozosz [...], el cual es el hijo del gran Cristo, que es el hijo del inefable silencio, que vino del gran, invisible e incorruptible espíritu. El hijo del silencio y el silencio apareció [...] invisible [...] hombre y los tesoros de su gloria. Luego apareció en el revelado [...]. Y estableció los cuatro eones. Con una palabra los estableció.

Dio alabanza al grande, invisible, virginal espíritu, el silencio del Padre en un silencio del silencio vivo de silencio, lugar donde el hombre descansa [...].

Luego llegó a aquel lugar la nube de la gran luz, el poder vivo, la madre de los santos y los incorruptibles, el gran poder, el Mirozoe. Y dio a luz aquel cuyo nombre yo nombro diciendo ien ien ea ea ea, tres veces.

Por esto es una luz que irradia de la luz; es el ojo de la luz. Por esto es el primer hombre, a través del cual y hacia el cual todo va, y sin el cual, nada llegó a ser. El imposible de conocer, el incomprensible padre vino, descendió de arriba, para anular lo que era deficiente.

Luego el gran Logos, el divino autocreador, y el hombre incorruptible Adamas se mezclaron los unos con los otros. Un Logos de hombre llegó a ser. Sin embargo, el hombre vino a ser a través de una palabra, dio alabanza, al grande, invisible, incomprensible, virginal espíritu y la virgen masculina, y el hijo tres veces masculino y la virgen masculina Yoel, y Esefeg, el detentador de gloria, el hijo del hijo y la corona de su gloria, y el gran Doxomedon-eón y los tronos que están en él, y los poderes que lo rodean, las glorias y las incorrupciones, y todo su pleroma que yo mencioné antes, y la tierra etérea, la receptora de Dios, donde los santos de la gran luz reciben su aspecto, los hombres del padre, del silencio silencioso y viviente, el padre y todo su pleroma como yo mencioné antes.

El gran Logos, el divino autocreador, y el incorruptible hombre Adamas, dieron alabanza, y pidieron un poder y una fuerza eterna para el autocreador para que completara los cuatro eones, de manera que a través de ellos pudiera aparecer [...] la gloria y el poder del Padre invisible de los santos de la gran luz que vendrán al mundo que es la imagen de la noche. El hombre incorruptible Adamas les pidió un hijo de sí mismo, para que el hijo pudiera convertirse en padre de la raza inconmovible e incorruptible, de manera que, a través de la raza el silencio y la voz pudieran aparecer y, a través de ellos el eón muerto pudiera levantarse, y para que pudiera disolverse.

El Evangelio de los Egipcios

Y así vino, desde arriba, el poder de la gran luz, la Manifestación. Dio a luz a las cuatro grandes luces: Harmozel, Oroiael, Davize, Elelez y el gran e incorruptible Seth, el hijo del hombre incorruptible Adamas.

Y así la perfecta semana que existe en los misterios ocultos, llegó a ser completa. Cuando recibe la gloria se convierte en 11 poderes.

Y el Padre, manifestó aprobación. Todo el pleroma de las luces se complació en ello. Sus consortes descendieron para completar el poder del divino autocreador: la gracia de la primera luz Harmozel, la percepción de la segunda luz Oroiael, la comprensión de la tercera luz Davize, la prudencia de la cuarta luz Elelez. Este es el primer poder del divino autocreador.

Y el Padre manifestó aprobación; todo el pleroma de las luces se complació mucho con ello. Los ministros vinieron: el primero, el gran Gamaliel de la primera gran luz Harmozel, y el gran Gabriel de la segunda gran luz Oroiael, y el gran Samlo de la gran luz Davize y el gran Abrasax de la gran luz Elelez. Y los consortes de éstos vinieron por la voluntad del buen placer del padre. La memoria del grande, el primero, Gamaliel; el amor del grande, el segundo, Gabriel; la paz del tercero, Samlo; la vida eterna del grande, el cuarto, Abrasax. Así fueron los cinco poderes completados, un total de cuarenta, como un poder que no se puede interpretar.

Después el gran Logos, el autocreado, y la palabra del pleroma de las cuatro luces, dio alabanza al grande, invisible, innominable, virginal Espíritu, y a la virgen masculina, y el gran Doxomedon-eón, y los tronos que están en ellos, y los poderes que los rodean, glorias, autoridades, y los poderes, y el niño tres veces masculino, y la virgen masculina Yoel y Esefeg, el sustentador de la gloria, el hijo del hijo y la corona de su gloria, el pleroma completo, y todas las glorias que están allí, los pleromas infinitos, y los eones innombrables, de manera que ellos pudieran nombrar al padre el cuarto con la raza incorruptible, y pudieran llamar a la semilla del Padre, la semilla del gran Seth.

Entonces todo se sacudió, y el temblor se apoderó de los incorruptibles. Luego los tres hijos varones salieron de arriba y descendieron abajo a los que no habían nacido, y aquellos que se han engendrado a sí mismos, y aquellos que fueron engendrados en lo que es engendrado. La grandeza vino, toda la grandeza del gran Cristo. Estableció tronos en gloria, miríadas sin número, en los cuatro eones alrededor de ellos, miríadas sin número, poderes y gloria e incorrupciones. Y vinieron de esta manera.

Y la incorruptible, y espiritual iglesia aumentó en las cuatro luces del grande y viviente autocreado, el Dios de verdad, alabando, cantando, y dando gloria con una voz, con una voluntad, con una boca que no descansa, al padre, y a la madre, y al hijo, y a su pleroma completo, como ya mencioné antes. Los cinco sellos que poseen las miríadas, y aquellos que gobiernan sobre los eones, y aquellos que dan la gloria de los que rigen recibieron la orden de revelarse a aquellos que son dignos. Amén.

Luego el gran Seth, el hijo del incorruptible hombre Adamas dio alabanza al Espíritu, grande, invisible, innombrable, que no lleva nombre, virginal, y la virgen masculina y el hijo tres veces varón, y la virgen masculina Yoel, y Esefeg, el sustentador de gloria, y la corona de su gloria, el hijo del hijo, y el gran Doxomedon eones, y el pleroma que yo he mencionado antes; y pidió su semilla.

El Evangelio de los Egipcios

Luego descendió de aquel lugar el gran poder de la gran luz Plesizea, la madre de los ángeles, la madre de las luces, la madre gloriosa, la virgen de los cuatro pechos, llevando fruto de Gomorra como si fuera una corriente, y Sodoma, que es el fruto de la corriente de Gomorra, que está en ella. Y vino a través del gran Seth.

Luego el gran Seth se regocijó por el don que le había concedido el hijo incorruptible. Retiró su semilla de aquella que tiene cuatro pechos, la virgen, y la colocó en aquel que está en el cuarto eón, y la tercera gran luz, Davize.

Después de cinco mil años la gran luz Elelez habló: «Reinemos sobre el caos y el Hades». Y entonces apareció una nube cuyo nombre es la corporal Sofía [...] miró sobre las partes del caos, siendo su rostro como [...] su forma [...] sangre. Y el gran ángel Gamaliel habló al gran Gabriel, el ministro de la gran luz Oroiael le dijo: «Que un ángel venga para reinar sobre el caos y el Hades». Luego la nube, que era agradable, descendió como dos mónadas, cada una de las cuales tenía luz [...] el trono, que había colocado en la nube de arriba, y luego Sakla el gran ángel, vio al gran demonio que está con el Nebruel. Y se convirtieron juntos en un espíritu engendrador de la tierra. Engendraron ángeles ayudadores. Sakla dijo al gran demonio Nebruel, «Que los doce eones existan en [...] eón, los mundos [...] el gran ángel Sakla dijo por la voluntad del autocreado: «Que existan [...] en el número de siete [...]» y dijo a los grandes ángeles: «Id y que cada uno de vosotros gobierne su mundo». Cada uno de estos doce ángeles marchó. El primer ángel es Azoz, este es aquel al que las grandes generaciones de hombres llaman [...] El segundo es Harmas, el cual es el ojo del fuego. El tercero es Galilia. El cuarto es Yobel. El quinto es Adonaios, que es llamado Sabaoz. El sexto es Caín, al que las grandes generaciones de hombres llaman el sol. El séptimo es Abel; el octavo es Akiressina; el noveno es Yubel. El décimo Harmu piael. El onceavo es Arj ir-Adonín. El doceavo es Belias. Estos son aquellos que gobiernan sobre el Hades y el caos.

Y después de la fundación del mundo Sakla dijo a sus ángeles: «Yo soy un dios celoso, y aparte de mí nada ha llegado a ser», puesto que él confiaba en su naturaleza.

Luego una voz descendió desde lo alto diciendo: «El hombre existe y el Hijo del Hombre». A causa del descenso de la imagen superior, que es como su voz en la altura de la imagen que ha mirado, a través de la mirada de la imagen superior, la primera criatura, fue formada.

Por esto llegó a existir la Metanoia arrepentimiento. Esta recibió su creación y su poder por la voluntad del Padre y su aprobación con la que él aprobó a la grande, incorruptible, e inconmovible raza de los hombres grandes y poderosos del gran Seth, de manera que pudiera sembrarla en los eones que habían sido creados, de manera, que a través de ella, la Metanoia la deficiencia pudiera ser compensada. Porque por aquello había descendido desde arriba hasta el mundo inferior que es la imagen de la noche. Cuando llegó, oró por el arrepentimiento de tanto la semilla del gobernante de este mundo y las autoridades que habían descendido de él, como por la semilla contaminada del Dios engendrador de demonios que será destruida, y la semilla de Adán y del gran Seth, que es como el sol.

Luego el gran ángel Hormos vino a preparar, a través de las vírgenes de la siembra corrupta de este eón, en un vaso santo engendrado por el Logos, por medio del Espíritu Santo, la descendencia del gran Seth, entonces el gran Seth vino a traer su descendencia. Fue sembrada en los eones que habían sido creados, siendo su número, el conjunto de Sodoma. Algunos dicen que Sodoma es el lugar de pasto del gran Seth, que es Gomorra. Pero otros dicen que el gran Seth sacó su planta de Gomorra y la plantó en el segundo lugar, al cual dio el nombre de Sodoma.

Esta es la raza que vino a través de Edokla. Porque ésta dio a luz a través de la palabra para la Verdad y la Justicia, al origen de la semilla de la vida eterna que está con aquellos que perseveran a causa del conocimiento de su emanación. Esta es la raza grande e incorruptible que ha venido a través de tres mundos al mundo.

Y el diluvio vino como un ejemplo para la consumación del eón. Pero será enviado al mundo a causa de esta raza. Una conflagración vendrá sobre la tierra. Y la gracia estará con aquellos que pertenezcan a la raza por los profetas y los guardianes que guardan la vida de la raza. A causa de esta raza sucederán las hambres y las plagas, pero estas cosas sucederán a causa de la raza grande e incorruptible. A causa de esta raza, vendrán las tentaciones, un grupo falso de falsos profetas.

Luego el gran Seth vio la actividad del diablo, y sus muchas artimañas, y sus maquinaciones que vendrían sobre su raza incorruptible e inconmovible, y la persecución de sus poderes y sus ángeles, y su error, puesto que actuaron contra sí mismos.

Luego el gran Seth dio alabanza al espíritu virginal, grande e innombrable, y a la virgen masculina Barbelon, y al hijo tres veces masculino Telmael Telmael Helí Helí Majar Majar Seth, el poder que vive de una manera real y verdadera, y la virgen masculina Yoel, y Esefeg, el sustentador de gloria, y la corona de su gloria, y el gran Doxomedon-eón, y los tronos que están en él, y todo el poder que le rodea, y todo el pleroma como ya mencioné antes. Y pidió que se le concedieran guardas que se ocuparan de su semilla.

Los Evangelios Gnósticos

Luego vinieron de los grandes eones 400 ángeles etéreos, acompañados por el gran Aerosiel y el gran Selmejel, para guardar a la raza grande e incorruptible, su fruto, y a los grandes hombres del gran Seth, desde el tiempo y el momento de la Verdad y la Justicia hasta la consumación del eón y sus gobernantes, aquellos a los que los grandes jueces han condenado a muerte.

Luego el gran Seth fue enviado por las cuatro luces, por la voluntad del autocreado y todo el pleroma, por el don y para placer del Espíritu grande e invisible, y de los cinco sellos y de todo el pleroma.

Pasó a través de tres parusías que mencioné antes, el Diluvio, la conflagración y el juicio de los gobernantes y los poderes y las autoridades, para salvar a su raza, que habíase desviado, por la reconciliación del mundo, y el bautismo a través de un cuerpo engendrado por el Logos, que el gran Seth había preparado para sí mismo secretamente a través de la virgen, para que los santos pudieran ser engendrados por el Espíritu Santo, a través de símbolos secretos e invisibles, a través de una reconciliación del mundo con el mundo, a través de la renunciación del mundo y el Dios de los trece eones, y a través de la convocación de los santos, y de los inefables, y del seno incorruptible, y a través de la gran luz del Padre que existió previamente con su Providencia, y estableció a través de ella el Santo Bautismo que sobrepasa el cielo, a través del incorruptible, el engendrado por el Logos, es decir, Jesús el viviente, aquel del que el gran Seth se ha vestido. Y a través de él clavó los poderes de los trece eones, y estableció aquellos que triunfan y los que son apartados. Los armó con una armadura de conocimiento de esa verdad, con un poder inconquistable de incorruptibilidad.

El Evangelio de los Egipcios

Allí se les apareció el gran asistente Yesseus Mazareus Yesserekeus, el agua viva, y los grandes guías, Santiago el grande y el enviado por Dios, Esauel, y aquellos que presiden la corriente de la verdad, Mijeo y Mijar y Mnesinus y aquel que preside el bautismo de los vivos, y los purificadores y Sesengenfaranges, y aquellos que presiden las puertas de las aguas, Mijeo y Mijar y aquellos que presiden la montaña Seldao y Elainos, y los receptores de la gran raza, los incorruptibles, los hombres poderosos del gran Seth, los ministros de las cuatro luces, el gran Gamaliel, el gran Gabriel, el gran Samlo, y el gran Abrasax, y aquellos que gobiernan el sol, y su salida, Olses e Hypneo, y Heurumaio y aquellos que controlan la entrada del descanso de la vida eterna, los gobernantes Mixanzer y Mijano, y aquellos que guardan las almas de los elegidos Akramas y Strempsujos y el gran poder Helí Helí Majar Majar Seth, y el espíritu grande, invisible, innombrable, que no puede tener nombre, virginal, y el silencio y la gran luz Harmozel, el lugar del autocreado viviente, el Dios de la verdad, y aquel que está con él, el hombre incorruptible, Adamas, el segundo, Oroiael, el lugar del gran Seth, y Jesús, que posee la vida, que vino y crucificó aquello que está en la ley, el tercero Davize el lugar de los hijos del gran Seth, el cuarto Elelez, el lugar donde las almas de los hijos están descansando, el quinto, Yoel, que gobierna el nombre de aquel al que será concedido bautizar con el Santo Bautismo que sobrepasa los cielos, el incorruptible.

Pero desde ahora en adelante por el hombre incorruptible Poimael y aquellos que son dignos de la invocación, las renunciaciones de los cinco sellos en la corriente del bautismo, estos conocerán a sus receptores cuando sean instruidos sobre ellos, y los conocerán. Estos de ninguna manera gustarán la muerte.

Ieieus eo ou eo oua. Es cierto y verdadero, oh Jeseus Mazareus Jesedekeus, oh agua viva, oh hijo del hijo, oh nombre glorioso real y verdadero, eón o on iiii eeee eeee oo oo uu uu oo oo aa aa, es real y verdadero, ei aa aa oo oo, o existente que ve los eones. Real y verdaderamente, aee eee iiii uuuuuu ooooooo, el que es eternamente eterno, real y verdadero, iea, aio, en el corazón existe, u aei eis aei, ei o ei, ei os ei.

Este gran nombre tuyo, está sobre mí, oh perfecto autoengendrado, que no estás fuera de mí. Te veo, a ti que eres invisible para todos. ¿Porque quién será capaz de comprenderte en otra lengua? Ahora que te he conocido, me he mezclado a mí mismo con lo inmutable, me he armado con la armadura de la luz; he llegado a ser luz. Porque la Madre estaba en ese lugar a causa de la espléndida belleza de la gracia. Por lo tanto, he tendido mis manos aunque estaban cerradas. Fui formado en el círculo de las riquezas de la luz, que está en mi seno, que forma a los muchos engendrados en la luz a los que no llega ninguna queja. Yo declararé tu gloria verdaderamente, porque te he comprendido, su ies ide aeiooo aeie ois, oh eón, eón, oh dios de silencio, te honro por completo, tú eres mi lugar de descanso, oh hijo es es o e, aquel que no tiene forma y que existe en los que no tienen forma, que existe, alzando al hombre en el cual tú me purificarás para tu vida, según tu nombre que no puede perecer. Por lo tanto, el incienso de la vida está en mí. Yo lo mezclé en agua, según el modelo de todos los gobernantes para poder vivir contigo en la paz de los santos, tú que existes real y verdaderamente para siempre.

Este es el libro que el gran Seth escribió y colocó en las grandes montañas sobre las que el sol no se ha alzado, y no es posible que lo haga. Y desde los días de los profetas, y los apóstoles, y los predicadores, el nombre no se ha alzado en absoluto sobre sus corazones, ni es posible que

El Evangelio de los Egipcios

así suceda. Y su oído no lo ha oído. El gran Seth escribió este libro en letras en ciento treinta años. Lo colocó en la montaña que es llamada Jaraxio, de manera que al final de los tiempos y las eras, por la voluntad del divino autocreado y de todo el pleroma, por el don del amor que no se puede describir, que no se puede pensar, que es paternal, pueda llegar y revelar a esta raza incorruptible y santa del gran Salvador, y a aquellos que moran con ellos en amor, y al grande, invisible y eterno Espíritu y a su único hijo engendrado, y a la luz eterna, y a su consorte, el grande e incorruptible, y a la incorruptible Sofía, y a Barbelon y a todo el pleroma por la eternidad. Amén.

El Evangelio de los Egipcios. El libro secreto, santo y escrito por Dios. Gracia, entendimiento, percepción, prudencia sean con aquel que lo ha escrito. Eugnostos el amado en el espíritu-la carne mi nombre es Gongessos y las luces que son compañeras mías en la incorruptibilidad, Jesucristo, hijo de Dios, Salvador Ijsys. Este es el santo libro del Espíritu grande e invisible escrito por Dios. Amén.

Pistis Sophia

El Tratado Pistis-Sophía (Fe-Sabiduría), atribuido a Valentín aunque sin mucha unanimidad, fue descubierto en el siglo XVIII por el Dr. A. Askew, y se publicó en lengua moderna por primera vez en 1851. La biblioteca de Nag Hammadi incluye un extenso tratado apocalíptico sin título, que parece haber servido de fuente para algunas de sus secciones. Pistis-Sofía ha sido considerada como una de las obras más importantes de la gnosis y en ella Jesús transmite su enseñanza a los discípulos después de resucitado, pero no sólo a los discípulos varones, sino también a las mujeres, entre ellas María Magdalena, Marta y Salomé.

El tratado presenta la Sabiduría del Padre y las enseñanzas del Hijo, pero también la divina cualidad del Espíritu Santo, el cual, a veces, es presentado en su aspecto femenino. Expone con detalle la estructura de las esferas más elevadas y de las jerarquías simbólicas, los ángeles y numerosos tipos de seres luminosos que habitan las mencionadas esferas. Por ejemplo, al ser preguntado por María Magdalena sobre qué forma tienen los 24 invisibles y de qué calidad es su Luz, Jesús hace el intento, advirtiendo que en este mundo no hay nada con que compararlos ni forma que pueda asemejárseles, pero sin embargo le dice que cada uno de los invisibles es nueve veces más grande que el cielo y la esfera que está sobre este mundo y los doce eones juntos. Teniendo en cuenta que en este mundo no hay luz más excelente que la luz del sol, le dice que los veinticuatro invisibles brillan diez mil veces más que la luz del sol, aunque la Luz en su forma real no es como la del Sol físico sino más grandiosa. Pero la Luz del Sol Real, donde mora la *Virgen de Luz*, brilla diez mil veces más que los veinticuatro invisibles y el gran Padre invisible y el gran Dios de tres poderes. Jesús le dice a María Magdalena que no hay con qué comparar lo anteriormente dicho, pero luego la guiará a ella y a los demás discípulos y amigos practicantes de sus enseñanzas sobre la Verdad, por dichas regiones directamente.

Pistis-Sophía

I

Jesús asciende a los cielos y desciende de ellos para adoctrinar a sus discípulos

1. Cuando resucitó de entre los muertos, Jesús pasó once años hablando con sus discípulos.

2. Y les enseñaba hasta los lugares, no solamente de los primeros preceptos, y hasta los lugares del primer misterio, del que está en el interior de los velos, en el interior del primer precepto, que es él mismo el veinticuatro misterio, sino que también las cosas que se hallan más allá, en el segundo lugar del segundo misterio, que está antes que todos los misterios.

3. Y Jesús dijo a sus discípulos: He venido de ese primer misterio, que es el mismo que el último misterio, que es el veinticuatro.

4. Mas los discípulos no comprendían estas cosas, porque ninguno de ellos había penetrado aquel misterio, que, sin embargo, consideraban como la cumbre del universo y como la cabeza de todo lo que existe. Y pensaban que era el fin de todos los fines, porque Jesús les había dicho, con relación a ese misterio, que rodea el primer precepto, y los cinco moldes, y la gran luz, y los cinco asistentes, e igualmente todo el tesoro de la luz.

5. Y Jesús no había anunciado todavía a sus discípulos toda la emanación de todas las regiones del gran invisible, y de los tres triples poderes, y de los veinticuatro invisibles, y de sus regiones, y de sus eones, y de sus rangos, todo según la manera como emanan aquellos que son los mismos que los próbolos del gran invisible, y no les había explicado sus nacimientos, y sus creaciones, y su vivificación, y sus archones, y sus ángeles, y sus arcángeles, y sus decanos, y sus satélites, y todas las moradas de sus esferas.

6. Jesús no había hablado a sus discípulos de toda la emanación de los próbolos del tesoro de la luz, ni tampoco de sus salvadores, según el orden de cada uno de ellos y el modo de su existencia. No les había hablado

del lugar de los tres amén que están esparcidos en el espacio.

7. Y nos les había dicho de qué lugar brotan los cinco árboles, ni los siete amén, que son los mismos que las siete voces, ni cuál es su región según el modo de la emanación.

8. Y Jesús no había dicho a sus discípulos cuáles son las regiones de los cinco asistentes, ni dónde están, ni les había hablado de los cinco círculos, ni del primer precepto, ni en qué sitio están.

9. Y solamente, hablando con sus discípulos, había revelado la existencia de esos seres, pero no les había explicado su emanación y el rango de su región, y ellos ignoraban que había otras regiones dentro de ese misterio.

10. Y no había dicho en qué lugar había salido hasta que había entrado en ese misterio en el momento en que fue emanado, sino que sólo les había dicho: Yo he salido de este misterio.

11. Y por eso pensaban ellos respecto a ese misterio que era el fin de todos los fines y la cima del universo. Y Jesús dijo a sus discípulos: Ese misterio envuelve todas las cosas que os he dicho desde el día que he venido hasta el de hoy.

12. Y por eso los discípulos no pensaban que cupiese alguna otra cosa en el interior de ese misterio.

13. Y ocurrió que estando los discípulos en el Monte Olivete dijeron estas palabras, con gran alegría: Nosotros somos más felices que ningún hombre, puesto

Pistis Sophia

que el Salvador nos lo ha revelado todo, y tenemos toda elevación y toda perfección.

14. Y, mientras hablaban así, Jesús estaba sentado un poco aparte. Y ocurrió que el día quince de la luna del mes de têbêth, día en que había plenilunio, el sol, alzándose en su carrera ordinaria, emitió una luz incomparable.

15. Porque procedía de la luz de las luces, y vino sobre Jesús, y lo rodeó completamente. Y estaba algo alejado de sus discípulos y brillaba de un modo sin igual.

16. Y los discípulos no veían a Jesús, porque los cegaba la luz que lo envolvía.

17. Y sólo veían los haces de luz. Y éstos no eran iguales entre sí, y la luz no era igual, y se dirigía en varios sentidos, de abajo arriba, y el resplandor de esta luz alcanzaba de la tierra a los cielos. Y los discípulos, viendo aquella luz, sintieron gran turbación y gran espanto.

18. Y ocurrió que un gran resplandor luminoso llegó sobre Jesús y lo envolvió lentamente. Y Jesús se elevó en el espacio, y los discípulos lo miraron hasta que subió al cielo, y todos quedaron silenciosos.

19. Y esto pasó al decimoquinto día del mes de têbêth.

20. Y cuando Jesús hubo ascendido al cielo, después de la hora de tercia, todas las fuerzas de los cielos se turbaron y se agitaron entre sí, y todos los eones y todas las regiones, y sus órdenes, y la tierra entera, y sus habitantes fueron estremecidos.

21. Y los discípulos y todos los hombres se entristecieron, y pensaron que era posible que el mundo fuese a ser destruido.

22. Y todas las fuerzas del cielo no cejaban en su agitación y se agitaron entre sí desde la hora de tercia de aquel día hasta la de nona del siguiente. Y los ángeles y arcángeles, y todas las potencias de las regiones superiores entonaban himnos, y todos oían sus cánticos, que duraron hasta la hora nona del otro día.

23. Mas los discípulos estaban reunidos y llenos de terror. Y se espantaban de lo que sucedía, y lloraban, diciendo: ¿Qué ocurrirá? ¿Destruirá el Salvador todas las regiones?

24. Y hablando así vertían lágrimas, y a la hora de nona del día siguiente, los cielos se abrieron y vieron descender a Jesús en medio de un inmenso esplendor.

25. Y este esplendor no era igual, sino que se dividía de muchos modos, y unos brillaban más que otros. Y había tres especies que brillaban de diferente forma, y la segunda estaba sobre la primera, y la tercera era superior a las demás. Y la primera era análoga a la que envolvió a Jesús cuando ascendió al cielo.

26. Y cuando los discípulos vieron tal, quedaron llenos de espanto. Y Jesús, misericordioso y dulce, les habló y dijo: Tranquilizaos y no temáis nada.

27. Y oyendo los discípulos estas palabras, dijeron: Señor, si tú quitas de ti esa luz deslumbrante, podremos seguir aquí. De otro modo, nuestros ojos cegarán y por esa luz nosotros y el mundo entero estamos turbados.

Pistis Sophia

28. Y Jesús hizo desaparecer aquella luz, y los discípulos, tranquilizados, fueron hacia él, y prosternándose unánimemente, lo adoraron, diciendo: Maestro, ¿adónde has ido? ¿A qué te han llamado? ¿Y de dónde proceden todas estas perturbaciones?

29. Y Jesús, todo misericordia, les dijo: Regocijaos, porque, a partir de este momento, yo os hablaré con toda claridad, desde el principio de la verdad hasta su fin, y sin parábola.

30. No os ocultaré nada respecto a las cosas que pertenecen a las regiones superiores, y a las regiones de la verdad. Porque me lo ha autorizado el Inefable, por el primer misterio de los misterios, para que yo os hable desde el principio hasta la consumación, y desde las cosas interiores a las exteriores, y viceversa. Escuchad y os diré todas estas cosas.

31. Ocurrió que, estando yo sentado algo lejos de vosotros en el Monte Olivete, meditaba sobre la misión para la que he sido enviado, que está cumplida, y sobre el último misterio, que es el mismo que el veinticuatro misterio, desde las cosas interiores hasta las exteriores, y en que todavía no me había sido enviado un vestimento. Y estas cosas son en el segundo puesto del primer misterio.

32. Y sucedió que, cuando yo comprendía que el fin del misterio para el que he venido estaba cumplido ya, y que el misterio no me había enviado aún mi veste, reflexionando sobre esto, en el Huerto de los Olivos, cerca de vosotros, el sol se levantó a los lugares en que lo ha colocado el primer misterio que lo ha creado, y, según la orden del primer misterio, mi veste de luz me fue enviada, la cual me había sido dada desde el principio, y

yo me puse en el último misterio, que es el veinticuatro misterio, a contar desde los que están en el segundo lugar del primer misterio.

33. Y esta veste yo la he puesto en el último misterio, hasta cumplir el tiempo en que debía empezar a predicar a la humanidad y a revelar todas las cosas desde el principio de la verdad hasta su fin, hablando desde lo interior de lo interior hasta lo exterior de lo exterior.

34. Regocijaos, pues, y sentid gozo, puesto que os ha sido otorgado que os hable desde el principio hasta el fin de la verdad. Y os he elegido desde el principio por el primer misterio.

35. Regocijaos, porque, al descender en el mundo, conduzco desde el comienzo doce fuerzas, que he tomado de los doce salvadores del tesoro de la luz, según el mandato del primer misterio. Y las he arrojado en el seno de vuestras madres y con las que hoy están en nuestro cuerpo.

36. Y estas fuerzas me han sido otorgadas por encima de todo el mundo, porque vosotros debéis salvar al mundo entero, y para ello es preciso que podáis sufrir las amenazas de los señores del mundo, y los peligros del mundo, y sus penas, y sus persecuciones.

37. Os he dicho que la fuerza que está depositada en vosotros la he extraído de los doce salvadores que están en el tesoro de la luz. Y por eso os he dicho desde el principio que vosotros no sois de este mundo, ni yo tampoco lo soy.

38. Y los hombres que son del mundo han tomado las almas de los archones de los eones. Pero la fuerza que

está en vosotros viene de mí y pertenece a las regiones superiores. Yo he conducido a los doce salvadores del tesoro de la luz, de los que he tomado una parte de mi fuerza.

39. Y cuando he venido al mundo, he venido entre los ángeles de las esferas, semejante a Gabriel, el ángel de los eones, y los archones de los eones no me han conocido, sino que creían que era el ángel Gabriel.

40. Y ocurrió que cuando estuve entre los jefes de los eones, miré desde arriba el mundo de los hombres, según el mandato del primer misterio, y hallé a Isabel, madre de Juan el Bautista, antes que lo hubiese concebido.

41. Y puse en ella la fuerza que había recibido del pequeño Iâo, el bueno, que está en el centro, para que pudiese predicar, antes que yo, y preparar mis caminos, y para que bautizase con el agua de remisión de los pecados.

42. Y en el sitio de un archón destinado a recibirlos, encontré el alma del profeta Elías en la esfera de los eones, y recibí su alma, y la llevé a la Virgen, hija de la luz, y ella la dio a sus herederos, que la llevaron al seno de Isabel.

43. La fuerza de Iâo, aquel que está en el medio, y el alma de Elías, el profeta, han sido unidas en el cuerpo de Juan el Bautista.

44. Y porque dudasteis cuando yo os dije que Juan había declarado ser el Cristo él, vosotros contestasteis que estaba en la Escritura que, si el Cristo venía, Elías vendría con él, y le prepararía los caminos.

45. Mas, al hablarme así, yo os contesté: Elías ha venido, y lo ha preparado todo, como está escrito.

46. Y como vi que no comprendíais que el alma de Elías estaba en Juan el Bautista, os hablé en parábola.

II

Jesús promete a sus discípulos instruirlos en todos los misterios

1. Y Jesús siguió hablando, y dijo: Y según el mandato del primer misterio, miré desde arriba el mundo de los hombres y hallé a María, que es llamada mi madre carnal, y le hablé en figura de Gabriel.

2. Y cuando ella se elevó hacia mí, yo puse en ella la primera fuerza, que he recibido de Barbelón, es decir, el cuerpo que viene de las regiones superiores.

3. Y en el sitio del alma puse en ella la fuerza que he recibido del gran Sabach, el bueno, que está en el hemisferio de la derecha. Y las doce fuerzas de los doce salvadores del tesoro de la luz que yo he recibido de los doce diáconos que están en el centro, y la llevé a la esfera de los archones.

4. Y los decanos de los archones y sus satélites creyeron que eran las almas de los archones, y las llevaron a los satélites, y yo las puse en el cuerpo de vuestras madres.

Pistis Sophia

5. Y cuando se cumplió el tiempo, os parieron, y en vosotros no había nada del alma de los archones.

6. Y cuando Jesús hubo dicho todas estas cosas a sus discípulos en el Monte Olivete, continuó instruyéndolos.

7. Y dijo: Regocijaos y que la alegría descienda sobre vuestra alegría.

8. Porque los tiempos se han cumplido, y yo me vestiré con el ropaje que me ha sido preparado desde el principio, y que he puesto en el último misterio hasta el tiempo de su perfección.

9. Mas su tiempo no se había cumplido, y ya no podía hablaros de la verdad desde su principio hasta su fin, como ha de ser para que el mundo sea salvado por vosotros.

10. Regocijaos, pues, oh dichosos entre todos los hombres, porque habéis de salvar al mundo.

11. Y cuando Jesús hubo concluido de hablar así, dijo: He aquí que recibo mi vestidura, y que toda ciencia me es dada por el primer misterio.

12. Esperad un poco, y yo os revelaré todo misterio y toda pleroma, y nada os ocultaré a partir de hoy.

13. Mas en la perfección, yo os instruiré de toda perfección y de todos los misterios que son en sí mismos el fin de todos los fines y la gnosis de todas las gnosis, que hay en mi vestidura.

14. Y os explicaré todos los misterios, desde el interior de los interiores hasta el exterior de los exteriores.

15. Escuchad, pues, y oíd todas las cosas que me han sucedido.

16. Y ocurrió que cuando el sol se levantó en Oriente, descendió una gran potencia de la luz, y en la que venía mi investidura, que yo he puesto en el veinticuatro misterio, según os he explicado.

17. Y encontré el misterio de mi investidura, escrito en las cinco palabras que pertenecen a las regiones superiores, y que son: Zama, zama, òza ráchama òzai.

18. Y su explicación es ésta: El misterio que está fuera del mundo y que es causa de que el mundo haya sido hecho es toda la agresión y toda la elevación, proyecta todas las emanaciones y está en todas ellas.

19. Y he venido a nos, para que nos asociemos contigo, nos enteros estamos contigo. Y nos somos uno e idéntico, y tú eres uno e idéntico.

20. Y éste es el primer misterio hecho desde el principio, y que es inefable ante la emanación. Y todos nosotros somos su nombre.

21. Y nosotros, pues, vivimos enteramente para ti, en el último límite, que es lo mismo que el último misterio desde lo interior.

22. Y te hemos enviado tu investidura, que es tuya desde que en el principio la situaste hasta el último límite, y hasta que su tiempo se cumplió, según disposición del primer misterio.

23. Y habiéndose cumplido el tiempo, te la daré.

24. Ven a nos, para que seamos en ti, para que te revistamos del primer misterio y de toda su gloria, según mandato del que nos ha dado el primer misterio.

25. Porque tú eres nuestro predecesor y has sido hecho antes que nosotros.

26. Reviste tu investidura y ven a nos, que necesitamos de ti.

27. Para que revistamos con ella hasta que el tiempo marcado por el Inefable se haya cumplido.

28. Y el tiempo se ha cumplido ya. Ven, pues, a nos para que te revistamos hasta que cumplas todo el ministerio de la perfección del primer misterio determinado por el Inefable.

29. Ven a nos y deja el mundo. Y recibirás toda tu gloria, que es la gloria del primer misterio.

30. Y, cuando reconocí el misterio de esas palabras en la investidura que Él me había enviado, me revestí de ella, y me convertí en una luz inmensa, y volé a las regiones superiores, y llegué a las puertas del firmamento transformado en claridad incomparable.

III

Cristo explica a sus discípulos su viaje a través de las distintas esferas

1. Y todas las puertas del firmamento se abrieron ante mí.

2. Y subí a la primera esfera, y brillé con una luz inmensísima, cincuenta y nueve veces mayor que aquella con que destellé en el firmamento.

3. Y cuando llegué a las puertas de la primera esfera, todas se abrieron a la vez por sí solas.

4. Y cuando entré en el círculo de las esferas emanando una luz infinita, todos los archones fueron en turbación viendo el esplendor que me pertenecía.

5. Y mirando mi ropaje, vieron el misterio de su nombre, y su turbación aumentó.

6. Y tuvieron gran espanto y dijeron: ¿Qué cambio nos ha producido el señor del firmamento?

7. Y todas sus filas y sus lazos se rompieron.

8. Y cada uno se detuvo en su fila, y me adoraron a mí y a mi investidura, y cantaron himnos del interior de los interiores, con gran temor y desconcierto.

9. Y fui a las puertas de la segunda esfera, que es el Heimarméné, y sus puertas se abrieron por sí mismas.

Pistis Sophia

10. Y entré en el ámbito de Heimarméné, rodeado de una luz formidable, y no había ningún género de luz que no fuese en mí.

11. Y la luz era cuarenta y nueve veces más grande allí que en la primera esfera.

12. Y todos los archones de la segunda esfera cayeron, en su turbación, unos sobre otros, llenos de espanto ante la luz que me pertenecía.

13. Y viendo en mi vestidura el misterio de su nombre, quedaron desconcertados, y se preguntaban: ¿Cómo es que el Señor nos ha cambiado, sin saberlo nosotros?

14. Y los lazos de sus lazos, y de sus filas, y de sus cimientos, fueron rotos.

15. Y cada uno se detuvo en su puesto y, prosternándose ante mí y ante mi veste, me adoraron.

16. Y cantaron un himno desde el interior de los interiores, y estaban llenos de temor y de turbación.

17. Y, dejando aquel lugar, subiendo hacia los grandes archones de los eones, llegué a sus velos y a sus puertas, entre una claridad inmensa, y no había especie de luz que no fuese en mí.

18. Y cuando llegué a los doce eones, sus puertas se conmovieron, y sus velos se plegaron por sí mismos, y sus puertas se abrieron a la vez.

19. Y entré entre los eones destellando un resplandor inmenso, en que ningún género de luz faltaba, y este

resplandor era cuarenta y nueve veces más grande que en el Heimarméné.

20. Y sus ángeles, y sus eones, y sus arcángeles, y sus archones, y sus dioses, y sus señores, y sus fuerzas, y sus luminarias, y sus antepasados, y sus triples poderes, vieron que yo era luz infinita, al que ninguna especie de luz es ajena.

21. Y se desconcertaron, y un gran pavor los dominó cuando vieron la luz deslumbrante que había en mí.

22. Y su pavor y turbación llegaron hasta las regiones del Gran Maestro de los cielos, y de los tres grandes triples poderes.

23. Y por su gran espanto, el Gran Maestro y los tres grandes triples poderes, corrían de un lado para otro, y no pudieron cerrar sus regiones, a causa del gran temor que experimentaban.

24. Y reunieron todos sus eones, y todas sus esferas, y todos sus súbditos, espantados por el gran resplandor que veían en mí.

25. Porque el mundo no hubiera podido soportar la luz que había en mí entre los eones, y se hubiera disuelto.

26. Y yo brillaba allí con una luz ocho mil setecientas veces mayor que la que fue conmigo cuando yo estaba en el mundo con vosotros.

27. Y cuantos había en el círculo de los doce eones se aturdieron, viendo la luz que me envolvía, y corrían de un lado para otro. Y todas sus regiones, y sus cielos, y

sus mundos, se conmovieron, porque no conocían el misterio que se había cumplido.

28. Y Adamas, el gran tirano, y todos los tiranos que están en los eones comenzaron a combatir contra la luz.

29. Y no pudieron ver lo que combatían, porque no veían nada más que una luz muy brillante.

30. Y cuando combatían contra la luz, sucumbieron todos y, cayendo sin fuerza, quedaron sin aliento, como los habitantes de la tierra al morir.

31. Y yo les arrebaté la tercera parte de su fuerza, para que no pudieran persistir en sus malos actos, ni los hombres de la tierra los invocasen en sus misterios revelados por los ángeles pecadores, y que constituyen la magia.

32. Y así, si los hombres los invocasen con fines perversos, no podrán ejecutar malas acciones.

33. Y troqué los Heimarménés y las esferas que son sus soberanas. Y las volví durante seis meses a la izquierda y seis meses a la derecha, ejerciendo sus influencias, según el mandato el primer precepto y según el mandato del primer misterio.

34. Y Iâo, el guardián de la luz, las había colocado mirando siempre a la izquierda, y ejerciendo así sus influjos y sus funciones.

35. Y he aquí que cuando yo llegaba a sus regiones, fueron rebeldes y se mostraron hostiles a la luz.

36. Y por eso les quité la tercera parte de su fuerza, para que no pudiesen ejercer sus prácticas malévolas.

37. Y cambié los Heimarménés y las esferas, poniéndolas a la derecha seis meses para ejercer sus influjos, y seis meses a la izquierda.

IV

Diálogo de Jesús con la Virgen María

1. Y cuando el Salvador hubo hablado así, dijo: Aquel que tenga oídos para oír que oiga.

2. Y cuando María oyó las frases del Salvador, miró al espacio durante una hora.

3. Y dijo: Señor, permíteme hablar con sinceridad.

4. Y Jesús misericordioso contestó a María: Eres dichosa, María, y yo te instruiré de todos los misterios concernientes a las regiones superiores.

5. Habla con sinceridad, tú, cuyo corazón está más enderezado que el de todos tus hermanos hacia el reino de los cielos.

6. Y María dijo al Salvador: Señor, tú has dicho: Oiga quien tenga oídos para oír, para que entendamos las palabras que nos has dicho.

7. Escúchame, Señor: Tú has dicho: Arrebaté la tercera parte de todos los archones de los eones, y cambié los

Heimarménés, y las esferas que son sus soberanas, para que, si la raza de los hombres que están en el mundo las invocase en los misterios que los ángeles pecadores les han enseñado para ejercer malos actos en los misterios de su magia, no pudiesen desde entonces ejercerlos.

8. Puesto que tú les has arrebatado su fuerza, aquellos que muestran a los hombres las cosas que están en el porvenir no tendrán, desde ahora, la facultad de adivinar lo venidero, porque tú has cambiado sus esferas y las has hecho ejercer su influjo seis meses a la derecha y seis a la izquierda.

9. De tus palabras, Señor, ha hablado la fuerza que residía en Isaías el profeta, y que dijo en parábolas, al hablar de Egipto: ¿Dónde están, oh Egipto, tus adivinos y tus intérpretes y tus evocadores? La fuerza que había en Isaías, el profeta, ha profetizado, antes que tú vinieses, que tú quitarías su fuerza a los archones de los eones, y que cambiarías sus Heimarménés y todas sus esferas.

10. Y cuando el profeta dijo: No sabéis lo que hará el Señor, significaba que ninguno de los archones sabía lo que tú efectuarías ahora, y lo que dijo Isaías de Egipto debe entenderse también de la materia sin eficacia.

11. E Isaías hablaba de la fuerza que hay hoy en tu cuerpo material, y que tú has tomado de Sabaoth, el bueno, que está en el hemisferio de la derecha.

12. Y por eso, Señor Jesús, nos has dicho: Quien tenga oídos oiga, porque tú sabes si el corazón de cada uno aspira ardientemente hacia el reino de los cielos.

13. Y cuando María dejó de hablar, dijo el Salvador: María, dichosa tú eres entre todas las mujeres de la tierra, porque tú serás el pleroma de todos los pleromas y el fin de todos los fines.

14. Y oyendo hablar así María a Jesús, sintió júbilo extremo, y se arrodilló y adoró sus pies.

15. Y dijo: Señor, óyeme, y permite que te interrogue respecto a las palabras que has dicho acerca de las regiones en que has estado.

16. Y Jesús contestó a María, y dijo: Habla con franqueza y no temas, que yo te revelaré cuanto me preguntes.

17. Y ella dijo: Señor, los hombres que saben los misterios de la magia de los archones de los eones y la magia de los archones de la Heimarméné y la de los de la esfera, según los ángeles malos les han enseñado, y los invocan en sus misterios, que son su magia, para impedir las buenas acciones, ¿podrán ahora cumplir sus designios o no?

18. Y Jesús, contestando a María, dijo: No los cumplirán como los cumplían desde el principio, cuando yo les quité la tercera parte de su fuerza. Pero lo harán quienes conocen los misterios de la magia del tercer eón.

19. Y cuando Jesús dijo estas palabras, María se levantó y dijo: Señor, los adivinos, y los astrólogos, ¿mostrarán desde ahora a los hombres las cosas futuras?

20. Y Jesús contestó a María: Si los astrólogos observan las Heimarménés y las esferas cuando estén vueltas a la izquierda, según su primera emanación, sus palabras se cumplirán y dirán lo que ha de ocurrir.

21. Pero si se observan las Heimarménés y las esferas cuando estén vueltas a la derecha, no dirán nada verdadero.

22. Porque sus influencias estarán trocadas, así como sus cuatro ángulos, y sus tres ángulos, y sus ocho figuras.

23. Porque desde el principio sus cuatro ángulos, y sus tres ángulos y sus ocho figuras estaban vueltos hacia la izquierda. Pero yo los cambiaré, haciendo que se vuelvan seis meses a la izquierda y seis a la derecha.

24. Y el que haya encontrado su orden desde que yo los cambié, disponiendo que seis meses miren a la izquierda y seis a la derecha; quien los haya observado de esta manera, sabrá exactamente sus influjos y anunciará cuantas cosas harán.

25. E igual será para los adivinos, si invocan el nombre de los archones cuando sus influencias, vueltas hacia la izquierda, se les manifiesten.

26. Y asimismo con todas las cosas sobre las que interroguen a los decanos.

27. Mas si los adivinos invocan sus nombres cuando tienen la faz hacia la derecha, no comprenderán nada, pues no estarán en la prístina posición en que Iâo los ha colocado, y tendrán un gran desconcierto al no conocer sus tres ángulos, ni sus cuatro ángulos, ni sus ocho figuras.

V

Diálogo de Jesús con Felipe

1. Y mientras Jesús pronunciaba estas palabras, Felipe estaba sentado, escribiendo todo lo que Jesús decía.

2. Y al concluir, se adelantó y, prosternándose, adoró los pies de Jesús, diciendo: Señor y Salvador mío, permíteme hablar, para que te interrogue sobre lo que nos has dicho acerca de las regiones en que has estado en virtud de tu misión.

3. Y el Salvador, misericordioso, contestó a Felipe, y dijo: Tienes permiso. Di lo que quieras.

4. Y Felipe replicó a Jesús: Señor, tú has cambiado el modo de ser de los archones, y los eones, y de sus Heimarménés, y esferas, y de todas sus regiones, y los has desconcertado en su camino y extraviado en su ruta. ¿Has hecho esto para la salvación del mundo, o no?

5. Y Jesús contestó a Felipe y a sus discípulos: Yo he cambiado su ruta por salvar todas las almas.

6. Porque en verdad os lo digo: De no haberlos desviado, ellos hubieran perdido muchas almas.

7. Y hubiera pasado mucho tiempo antes de que los archones de los eones, y los archones de Heimarméné, y de la esfera, y todas sus regiones, y sus cielos, y sus eones, hubieren sido destruidos.

8. Y las almas hubieran pasado mucho tiempo fuera de ese lugar, y el número de las almas de justos que fueran

puestas por el misterio en posesión de las regiones superiores y en tesoro de la luz hubieran dejado de llenarse.

9. Y por eso he desviado su camino, para que fuesen perturbados, y perdiesen la fuerza que forma la materia de su mundo, para que los que han de salvarse sean prontamente purificados y llevados a las regiones superiores, y para que los que no deban salvarse sean destruidos.

10. Y cuando Jesús hubo dicho estas palabras a sus discípulos, María, la dichosa y de buen lenguaje, se adelantó, y se prosternó a los pies de Jesús, diciendo: Señor, perdóname si te hablo, y no te enojes contra mí por lo mucho que te interrogo.

11. Y el Salvador, en su misericordia, dijo a María: Di lo que quieras y te contestaré con claridad.

12. Y María respondió a Jesús: Señor, ¿cómo se detendrán las almas fuera de ese lugar y cómo serán rápidamente purificadas?

13. Y el Salvador contestó a María: María, tú buscas la verdad en todas tus preguntas, que son razonadas, y llevas la luz a todo con tu celo.

14. Desde ahora no os ocultaré nada, mas os revelaré todo con esmero y con claridad. Escúchame, María, y vosotros, discípulos, recoged mi palabra.

VI

Jesús explica a sus discípulos su combate con los seres de las esferas superiores

1. Antes que yo divulgase mi misión a los archones de los eones, y a los archones de la Heimarméné, y de las esferas, estaban todos ellos ligados a sus cadenas, y a sus esferas, y a sus sellos, según el orden en que Iáo, el guardián de la luz, los situó desde el comienzo.

2. Y cada uno estaba en su puesto y hacía su camino según la forma que le trató Iâo, el guardián de la luz.

3. Y cuando llegó el tiempo de Melquisedec, el gran heredero de la luz, llegó al medio de todos los archones y todos los eones, y les quitó la luz pura a todos los eones y archones de la Heimarméné y de las esferas.

4. Porque les quitó lo que los había turbado. Y excitó la vigilancia que hay sobre ellos, y les quitó la fuerza que había en ellos, y las lágrimas de sus ojos, y el sudor de sus cuerpos.

5. Y Melquirededo, el heredero de la luz, purificó estas fuerzas, para llevar su luz al tesoro de la luz.

6. Y los satélites de los archones recogieron toda su materia, y los satélites de los archones de las Heimarménés, y los satélites de todas las esferas que están debajo de los archones la recibieron para hacer las almas de los hombres, y de los rebaños, y de los reptiles, y de las bestias, y de los pájaros, y enviarla al mundo de los hombres.

7. Y las potencias del sol y las potencias de la luna, cuando miraron al cielo y vieron los sitios de los caminos de los eones y de las Heimarménés y de las esferas, vieron que la luz les había sido quitada.

8. Y tomando la luz pura y los residuos de la materia, la acarrearon a la esfera que hay debajo de los eones, para hacer las almas de los hombres, y para hacer los reptiles, y las bestias de carga, y los animales, y los pájaros, siguiendo el círculo de los archones de esta esfera, y siguiendo las figuras de su conversión, para echarlas en el mundo de los hombres, y convertirlas en almas de este lugar, según el modo que os he dicho.

9. Y esto hacían con perseverancia, antes que su fuerza no fuese disminuida ni debilitada, y quedaran débiles e impotentes.

10. Y cuando quedaron impotentes y su fuerza hubo cesado, y quedaron debilitados en su fuerza, y la luz que había en su región cesó, y su reino fue disuelto, he aquí que una vez que hubieron conocido por un tiempo estas cosas, Melquisedec, el heredero de la luz, vino de nuevo para entrar en medio de todos los archones de los eones y de todos los archones de la Heimarméné y de las esferas, y los conturbó, y los oprimió para arrancarles su fuerza, y el aliento de su boca y el sudor de sus cuerpos.

11. Y Melquisedec, el heredero de la luz, los purificó de un modo que efectuó con perseverancia, y llevó su luz al tesoro de la luz.

12. Y cuando yo vine para ascender al ministerio a que he sido llamado por orden del primer misterio, subía en

medio de los doce archones de los eones, revestido de mi investidura.

13. Y yo resplandecía con una luz inmensa, y no había especie de luz que no estuviera en mí.

14. Y cuando todos los tiranos, el gran Adamas y los tiranos de los doce eones, se esforzaron en combatir con la luz de mi investidura, querían tener su posesión para permanecer en sus reinos.

15. Y lo hacían ignorando a quién combatían. Y cuando combatían con la luz, yo, siguiendo la orden del primer misterio, troqué sus caminos y las armas de sus eones, y las sendas de sus Heimarménés, y las vías de su esfera.

16. Y las puse seis meses mirando los tres ángulos de la izquierda, y los cuatro ángulos y las cosas que están en su región, y sus ocho figuras, según la forma en que estaban desde el comienzo. Y cambié su conversión y su dirección.

17. Mas cuando les quité la tercera parte de sus fuerzas cambié las esferas, a fin de que mirasen un tiempo a la derecha y otro a la izquierda.

18. Y cambié su curso, y toda su vía, y aceleré la vía de su curso, para que fuesen purificados rápidamente, y abrevié su círculo e hice ligera su vía.

19. Y se apresuraron mucho, y fueron excitados en su vía, y no pudieron, desde entonces, devorar la materia de su pura luz.

20. Y abrevié su tiempo y su duración, para que el número de las almas justas que recibiesen los misterios y entrasen en el tesoro de la luz se cumpliese pronto.

21. Si yo no hubiese abreviado su tiempo, ni cambiado su curso, ellos no habrían dejado a ningún alma venir al mundo, por la materia de su residuo, que hubiesen devorado.

22. Y una multitud de almas se habrían perdido. Y por eso yo he dicho: He abreviado el tiempo pensando en mis elegidos.

23. De otro modo, ningún alma hubiera podido salvarse. Y he abreviado los tiempos por las almas justas que han de recibir los misterios, y que son las almas de los elegidos.

24. Y si no hubiese abreviado su tiempo, ningún alma material habría podido salvarse.

25. Sino que habrían sido consumidas en el fuego que está en la causa de los archones.

26. Y estas son las cosas sobre las cuales me has preguntado.

VII

Jesús relata su encuentro con la Sabiduría fiel

1. Y cuando Jesús hubo hablado así a sus discípulos, todos se prosternaron a la vez, y lo adoraron, diciendo: Nosotros, tus discípulos, hemos sido elevados sobre

todos los hombres, por la grandeza de las cosas que nos estás diciendo.

2. Y Jesús siguió hablando, y dijo a sus discípulos: Oíd lo que me ocurrió con los archones de los doce eones, y con todos sus archones, y sus maestros, y sus dignidades, y sus ángeles, y sus arcángeles.

3. Cuando vieron la brillante vestidura que había sobre mí, y cada uno vio el misterio de su nombre en la vestidura brillante de que yo iba cubierto, todos se prosternaron unánimemente, adorando mi brillante investidura, y diciendo: El Señor del universo nos ha cambiado.

4. Y cantaron a coro un cántico desde el interior de los interiores, y todas sus triples potencias, y sus antepasados, y sus ángeles, y sus fuerzas engendradas de sí mismos, y sus virtudes, y sus dioses, y todos sus magnates.

5. Y vieron a los guardianes de sus regiones, al perder parte de su fuerza, caer en una gran debilidad, y tuvieron gran miedo ellos mismos.

6. Y descubriendo el misterio de su nombre en mi envoltura, se apresuraron a venir a adorarlo, y no pudieron por la suma luz que había conmigo.

7. Y alejándose un poco, lo adoraron. Y adoraron la luz de mi investidura, y todos cantaban un himno del interior de los interiores.

8. Y sucedió que cuando los guardianes que hay al lado de los archones vieron todas estas cosas, cayeron en el abatimiento y se desplomaron fuera de sus regiones.

9. Y quedaron como los habitantes del mundo cuando son heridos de muerte, y no alentaban, y estaban del mismo modo que cuando yo les arrebaté su fuerza.

10. Y he aquí que cuando yo me alejaba de estos eones, cada uno de los que están en los doce eones fueron restituidos a sus sitios, y cometieron acciones malas, según el modo en que yo los había dispuesto.

11. Porque pasan seis meses vueltos hacia la izquierda, cometiendo hechos generosos en sus tres ángulos, y en sus cuatro ángulos, y en los que están en su región.

12. Y otros seis meses mirando a la derecha, y hacia sus tres ángulos, y hacia sus cuatro ángulos, y hacia los que pertenecen a su región.

13. Y éste es el modo como irán aquellos que están en el Heimarméné y en las esferas.

14. Y ocurrió que subí muy luego a las regiones superiores, hacia los velos de la trecena región de los eones.

15. Y cuando llegué ante sus velos, éstos se abrieron delante de mí.

16. Y entré a la trecena región de los eones, y encontré sola a la Sabiduría fiel, sin que ninguno de los eones estuviese cerca de ella.

17. Y estaba bajo la decimotercera región de los eones, y sentados, y lloraba porque no la habían conducido a la decimotercera región, que es su lugar en las regiones superiores.

18. Y se afligía por los sufrimientos que le había causado el orgullo de uno de los tres triples poderes. Y cuando yo os hable de la emanación, os diré el misterio de su creación.

19. Y cuando me vio la Sabiduría fiel, y contemplé la luz que me rodeaba, y en la que no faltaba ninguna especie de luz, sufrió una gran turbación.

20. Y mirando la luz de mi vestidura, vio el misterio de mi nombre trazado sobre mi vestidura, y todo el esplendor de su misterio como lo había sido desde el principio en las regiones superiores y en la decimotercera región de los eones.

21. Y dirigió un himno a la luz que había en las regiones superiores, que ella vio en los velos del tesoro de la luz.

22. Y cuando Jesús hubo dicho estas cosas a sus discípulos, María se adelantó, y dijo: Señor, yo te he oído decir que la divina Sabiduría estaba también en los veinticuatro próbolos, pero no estaba en su región, porque tú has dicho: Yo la encontré debajo de la decimotercera región de los eones.

23. Y Jesús, contestando, dijo a sus discípulos: La fiel Sabiduría estaba en la trecena región de los eones, donde están todas sus hermanas invisibles, que son, ellas mismas, los veinticuatro próbolos del gran invisible.

24. Y ocurrió que por orden del primer misterio, la Sabiduría divina miró a lo alto y vio las alas del tesoro de la luz.

25. Y deseó ir a aquella región, pero no pudo llegar. Y dejó de efectuar el misterio de la trecena región de los

eones, y dirigió un himno a la luz de las regiones inferiores, que está en la luz de las alas del tesoro de la luz.

26. Y cuando ella elevaba su himno a las regiones superiores, todos los archones que están en las doce regiones de los eones sintieron odio hacia ella, porque ellos estaban en las regiones inferiores, y ella se detuvo en sus misterios y quiso elevarse por encima de ellos.

27. Y por esto se irritaron contra ellas y la odiaron.

28. Y el gran triple poder orgulloso, que es la tercera de las triples potencias y que reside en la trecena región de los eones, aquel que fue insumiso, no dando toda la pureza de la fuerza que había en él, y no mostrando la luz pura en el tiempo en que los archones dieron su pureza, quiso ser soberano en toda la trecena región de los eones y en las que están debajo.

29. Y aconteció que todos los archones de las doce regiones de los eones se enfurecieron contra la Sabiduría fiel, que estaba sobre ellos.

30. Y sintieron hacia ella odio sumo, y el gran triple poder orgulloso de que os he hablado siguió a los archones de las doce regiones de los eones, y se irritó contra la Sabiduría fiel.

31. Y la odió extremadamente, porque quería ir a la luz que está sobre él, y proyectó fuera de sí una gran fuerza con rostro de león, hecha de la materia de que es él.

32. Y proyectó muchas otras emanaciones materiales, y las proyectó a las regiones inferiores, en medio del caos, para que tendiesen lazos a la Sabiduría fiel y le quitasen la fuerza que hay en ella.

33. Porque quería ir a la región superior que hay sobre ellos, y porque dejó de cumplir sus misterios.

34. Y ella continuó llorando, buscando la luz que había visto.

35. Y los archones que permanecían en el misterio de que ellos se ocupan, tuvieron odio contra ella, y todos los guardianes que vigilan las puertas de los eones tuvieron también odio contra ella.

VIII

Asechanzas que tiende el gran triple poder a la Sabiduría fiel

1. Y ocurrió, según disposición del primer orden, que el gran triple poder orgulloso, que es uno de los tres poderes, condujo a la Sabiduría a la decimotercera región de los eones.

2. Y era para que contemplase los lugares del infierno y viese en aquellos lugares su potencia de luz con rostro de león.

3. Y quería que fuese allí, para que le quitasen la luz que había en ella.

4. Y la Sabiduría miró desde arriba, y vio la fuerza de aquella luz en la región de los infiernos, y no supo que pertenecía al triple poder orgulloso.

5. Sino que pensó que provenía de la luz que ella había visto desde el principio en la región superior, y que venía de las alas del tesoro de la luz.

6. Y pensó dentro de sí: Iré a tomar la luz que los eones de la luz han creado para mí, a fin de que yo pueda llegar a la luz de las luces, que está en la altura de las alturas.

7. Y con estos pensamientos salió de su lugar hacia la trecena región de los eones, y subió hacia los doce eones.

8. Y los archones de los eones la vieron y se irritaron contra ella, porque quería elevarse a las regiones superiores.

9. Y al salir de las doce regiones de los eones, vino a los parajes del caos, y avanzó hacia la fuerza de la luz con cara de león para devorarla.

10. Y todos los defensores de la materia la rodearon. Y la gran fuerza de la luz con faz de león devoró la potencia de la luz en la Sabiduría y purgó su luz, que ella había devorado, y su materia.

11. Y la arrojaron en el caos, que es en su mitad de llamas y en su otra mitad de tinieblas.

12. Y había un archón con rostro de león, y era Ialdabañrt, de quien yo os he hablado muchas veces.

13. Y cuando todo esto sucedió, la Sabiduría se encontró en una extremada debilidad.

14. Y la fuerza de la luz con rostro de león comenzó a arrebatar todas las fuerzas de la luz en la Sabiduría, y todas las fuerzas de la materia del poder orgulloso rodearon a la vez a la Sabiduría y la atormentaron.

15. Y la Sabiduría fiel, lanzando grandes gritos, se dirigió a la luz de las luces que vio desde el principio, implorando su ayuda.

16. Y le suplicó, con estas palabras: Luz de las luces, a quien he implorado desde el comienzo, escucha ahora, ¡oh luz!, mis súplicas.

17. Protégeme, luz, porque malos pensamientos han entrado en mí.

18. Y he mirado, ¡oh luz!, las regiones del infierno, y he visto la luz en ese lugar, y he venido aquí pensando alcanzar esa luz.

19. Y he caído en las tinieblas que son el caos del infierno.

20. Y no he podido volver a mi lugar, porque he sido atormentada por todos mis enemigos, y la fuerza del rostro de león me ha arrebatado la luz que había en mí, y yo he implorado tu auxilio, y mi voz no se ha elevado en las tinieblas.

21. Y he mirado a lo alto, para que la luz en la que creo me asista.

22. Y cuando he mirado a lo alto, he visto todos los archones de una multitud de eones.

23. Y mirándome en este estado, se alegraban de mis gritos. Y yo no les he hecho ningún mal.

Pistis Sophia

24. Mas me odian sin motivos. Y cuando los próbolos del triple poder han visto que los archones de los eones se regocijaban de mi mal, han comprendido que los archones de los eones no me prestarían su socorro.

25. Y los que me afligían injustamente han tenido confianza y me han arrebatado la luz que yo había recibido de ellos.

26. Mas tú, luz verdadera, sabes que yo he hecho esas cosas cándidamente, creyendo que la luz de faz de león era tuya.

27. Y el pecado que he cometido es patente ante ti.

28. No permitas, Señor, que yo permanezca más tiempo así. Porque yo he creído desde el principio en tu luz.

29. Señor, luz de las fuerzas, no me dejes más tiempo privado de tu luz, porque por ansia de tu luz he caído en la aflicción y la vergüenza me ha cubierto.

30. Y por ansia de tu luz he quedado extraña a mis hermanas invisibles, y a las emanaciones del gran Barbelón.

31. Y esto me ha ocurrido, ¡oh luz!, porque he deseado penetrar en tu círculo.

32. Y ha venido contra mí la cólera del orgulloso, aquel que no escuchó tu orden para que expandiese su luz.

33. Porque yo he estado en la región de los eones y no he practicado su misterio, y todos los guardianes de las puertas de las regiones de los eones me buscaban, y cuantos comprenden sus misterios me perseguían.

34. Mas yo he mirado hacia ti, luz, y he creído en ti.

35. No me dejes en la aflicción de la oscuridad del caos, mas líbrame de estas tinieblas.

36. Si tú quieres venir a salvarme, grande es tu misericordia; escúchame en la verdad, y sálvame.

37. Estas son las palabras que dijo la Sabiduría fiel, y el que tenga oídos para oír que oiga.

IX

Jesús responde a las consultas de María, Marta y Pedro

1. Y María dijo: Señor, mis oídos reciben la luz y yo oigo en mí fuerza de luz.

2. Oye, pues, lo que tengo que decir sobre las palabras de la fiel Sabiduría al confesar su pecado.

3. Tu fuerza de luz ha sido profetizada por boca de David, cuando dijo en su salmo sesenta y ocho: Dios mío, protégeme, porque las aguas han llegado hasta mi alma.

4. Y dijo luego María: Tal es, Señor, la explicación de la súplica de la Sabiduría fiel.

(No hay versículo 5)

Pistis Sophia

6. Y siguió hablando, y dijo: La fiel Sabiduría elevó un himno de este modo:

7. Luz de las luces, yo creo en ti; no me dejes para siempre en las tinieblas.

8. Ayúdame y protégeme en tus misterios. Acerca tu oído a mí y sálvame.

9. Que la fuerza de tu luz me preserve y me lleve hasta los eones elevados.

10. Y líbrame de la fuerza de faz de león y de todos mis enemigos.

11. Porque yo he creído en ti desde el comienzo, y tú eres mi salvador y mi tesoro de luz.

12. Mi boca está llena de gloria, para que cante siempre tus alabanzas y el misterio de tu grandeza.

13. No me dejes en el caos y no me abandones. Porque mis enemigos me han querido arrebatar toda mi luz.

14. Vuélvete a mí, ¡oh luz!, y líbrame de estos malvados.

15. Que quienes han querido quitarme mi fuerza caigan, ¡oh luz!, en las tinieblas.

16. Y cuando dijo estas palabras, Jesús preguntó a sus discípulos: ¿Comprendéis lo que os digo?

17. Y Pedro se adelantó, y dijo: Señor, no permitas hablar siempre a esta mujer, porque ocupa nuestro puesto y no nos deja hablar nunca.

18. Y Jesús dijo a sus discípulos: Adelántese y hable aquel en quien obre la fuerza de la inteligencia.

19. Porque yo veo, Pedro, tu fuerza en el conocimiento de las palabras que dijo la fiel Sabiduría.

20. Ven, pues, y da tu explicación entre tus hermanos.

21. Y Pedro fue, y dijo: Señor, tu fuerza ha sido profetizada por David en el salmo sesenta y nueve, cuando dijo: Señor Dios mío, piensa en socorrerme.

22. Y el Salvador dijo: Ésa es la explicación del himno de la Sabiduría fiel.

23. Dichosos vosotros entre todos los hombres de la tierra, porque os he revelado estos misterios.

24. Y en verdad os lo digo: Yo os explicaré los misterios de todas las regiones de mi Padre y de todas las regiones del primer misterio.

25. Para que lo que aprobéis en la tierra sea aprobado en el reino de las regiones superiores, y para que lo que rechacéis en la tierra sea rechazado en el reino de mi Padre, que está en los cielos.

26. Escuchad, pues, y entended las palabras que la Sabiduría fiel pronunció.

27. Luz de las fuerzas, protégeme.

28. Que los que quieren quitarme mi luz sean hundidos en el caos.

Pistis Sophia

29. Y que sean sumidos en las tinieblas los que me persiguen diciendo: Seremos más fuertes que ella.

30. Que se regocijen cuantos buscan la luz y que digan siempre: Yo celebraré el misterio de los que quieren tu misterio.

31. Protégeme, pues, ¡oh luz!, porque yo necesito mi luz, que mis enemigos me quieren arrebatar.

32. Tú eres mi salvador, luz; sácame y libérame de este caos.

33. Y cuando Jesús hubo expuesto así a sus discípulos el cántico tercero de la Sabiduría fiel, agregó:

34. Que quien comprenda el sentido del tercer cántico de la fiel Sabiduría se adelante a darnos su explicación.

35. Y Marta se abrazó a sus pies, dando gritos y llorando, y entregándose al dolor y a la humillación.

36. Y dijo: Señor, ten piedad de mí y extiende sobre mí tu misericordia, y permite que dé yo la explicación del tercer himno de la Sabiduría fiel.

37. Y Jesús, dando la mano a Marta, dijo: Bienaventurado el que se humille, porque él disfrutará misericordia.

38. Dichosa tú eres, Marta: Danos la explicación del canto de la fiel Sabiduría.

39. Y Marta dijo: Tu fuerza, Señor, ha sido profetizada en el salmo setenta de David, cuando dijo: Señor, creo en ti. No permitas que yo sea humillado para siempre.

40. Y éste es, Señor, el sentido del tercer himno de la fiel Sabiduría.

41. Y cuando Jesús oyó estas frases de Marta, dijo: Marta, tú has hablado bien.

X

Interpretación que da Juan a la cuarta plegaria de la Sabiduría fiel

1. Y Jesús, continuando su discurso, dijo a sus discípulos: La Sabiduría fiel hizo su cuarta plegaria.

2. Y la dijo antes que la fuerza de rostro de león y las emanaciones materiales que había con ella y que había enviado el poder orgulloso volviesen a atormentarla.

3. Y dijo así: Luz en la que yo he creído, oye mi ruego, y que mi voz ascienda hasta tu morada.

4. No vuelva lejos de mí la imagen de tu luz.

5. Mas dirígela a mí, que estoy en la aflicción.

6. Arráncame, sálvame de esta destrucción, porque mi tiempo desaparece y yo me estoy convirtiendo en materia.

7. Mi luz me ha sido quitada y mi fuerza ha sido destruida.

8. Y he perdido la memoria de mi misterio, al que he sido consagrada desde el principio.

Pistis Sophia

9. Y mi fuerza ha sucumbido en virtud de mi espanto.

10. Y me he convertido como en un demonio que habita en la materia, o como en un decano que está sólo en el aire.

11. Y mis enemigos han dicho: En lugar de la luz que hay en ella, la llenaremos del caos.

12. Y he devorado el sudor de mi sustancia y la amargura de las lágrimas de la materia de mis ojos.

13. Para que los que me atormentan no me arrebaten estas otras cosas.

14. Y todas estas cosas, luz, me han sucedido por tu disposición, y ha sido tu decisión y tu voluntad que me sucedieran.

15. Y tu voluntad me ha traído al infierno y he venido al infierno como la fuerza del caos.

16. Y mi fuerza se ha helado en mí.

17. Señor: Tú eres la luz en la eternidad y visitas en toda ocasión a los afligidos.

18. Álzate, luz, busca mi camino y el alma que hay en mí.

19. Porque se ha cumplido la orden que tú habías dado para mi aflicción.

20. Y ha llegado el tiempo de que yo busque mi camino y mi alma; el tiempo que tú has marcado para buscarme.

21. Y en este tiempo, todos los archones de los eones de la materia temerán tu luz.

22. Y todas las emanaciones de la decimotercera región de los eones de la materia temerán los misterios de tu luz.

23. Para que los demás se revistan de la pureza de su luz cuando el Señor busque la fuerza de nuestra alma.

24. Y este misterio es el modelo ofrecido a la raza que está por crear, y esta raza eleva un himno a las regiones superiores.

25. Y la luz mira desde lo alto de su luz y mirará toda la materia, para oír los gemidos de los que están encadenados.

26. Para romper la fuerza de las almas, cuya fuerza ha sido sujeta, y para poner su nombre en el alma y su misterio en la fuerza.

27. Y cuando Jesús hubo hablado así a sus discípulos, dijo: He aquí la cuarta plegaria de la Sabiduría fiel. Y el que sepa comprender que comprenda.

28. Y cuando Jesús dijo esto, Juan se adelantó, y adoró el pecho de Jesús, y dijo: Señor, perdóname y déjame que yo dé la explicación de la cuarta plegaria que elevó la fiel Sabiduría.

29. Y Jesús dijo a Juan: Yo te autorizo y te animo a dar la explicación de la cuarta plegaria que elevó la Sabiduría fiel.

30. Y Juan repuso y dijo: Señor, tu fuerza ha profetizado lo que dijo la fiel Sabiduría en el salmo ciento uno de David.

31. Señor: Oye mi plegaria y que mis clamores lleguen a ti.

32. Y al concluir Juan estas palabras, dijo Jesús: Es acertado, Juan, y en el reino de la luz te está reservado un puesto.

XI

Felipe interpreta el sentido de la quinta plegaria que elevó a la Sabiduría fiel

1. Y Jesús, persistiendo en su discurso, dijo a sus discípulos:

2. Las emanaciones del triple poder orgulloso atormentaron a la Sabiduría fiel en el caos, porque querían quitarle su luz.

3. Y el tiempo de sacarla del caos no había llegado aún.

4. Y la orden del primer misterio no había llegado todavía, y yo no debía aún salvarla del caos.

5. Y cuando las emanaciones materiales la torturaban, ella clamó.

6. Y dijo su quinta súplica: Luz de mi salvación, yo te elevo un himno en el lugar de las regiones superiores y, a la vez, del caos.

7. Porque yo te elevo el himno que te dirigía en las regiones Superiores.

8. Ven a mí, ¡oh luz! Vuelve el espíritu, ¡oh luz!, hacia mi súplica.

9. Porque mi fuerza está llena de tinieblas y mi luz se ha perdido en el caos.

10. Y me he convertido, como en los archones del caos, que están en las regiones inferiores.

11. Y soy como un cuerpo material, para el que no hay salvador en las regiones superiores

12. Y me he convertido como en las materias cuya fuerza ha sido quitada, y que han caído en el caos, y tú no las has salvado, y han perecido.

13. Y me han sumido en las tinieblas infernales, en la oscuridad.

14. Allí donde están las materias inertes y privadas de toda fuerza.

15. Y tú has dado mandato sobre mí y sobre cuantas cosas has organizado.

16. Y me has alejado tu aliento, y me has hundido en el abismo.

17. Y por tu mismo mandato sobre las cosas que has ordenado, mis enemigos están atormentándome.

18. Y me odian, y no me auxilian, y estoy casi del todo perdida, y mi luz ha disminuido en mí.

19. Y he clamado a la luz, con toda la luz que hay en mí, y he alzado las manos elevándola, hacia ti.

20. Y ahora, luz, ¿se ha cumplido tu voluntad en el caso?

Pistis Sophia

21. ¿Se elevarán entre las tinieblas los liberadores que han de Venir según tu voluntad?

22. ¿Y darán el misterio de tu nombre en el caos?

23. ¿Dirán tu nombre en el caos que tú no iluminas?

24. Yo te glorifico, luz, y mi voz te llegará en las regiones Superiores.

25. Que tu luz venga sobre mí, porque me han quitado mi luz.

26. Y yo estoy en el sufrimiento por causa de la luz, desde que mis enemigos me atacan.

27. Y cuando he mirado a lo alto, hacia la luz, y he mirado el infierno, he caído en el infierno, según la disposición de la luz, elevándome en el caos.

28. Y tu mandato ha venido sobre mí, y los temores y turbaciones que tú has fijado me han rodeado, abundantes como las aguas.

29. Y se han apoderado totalmente de mí.

30. Y, según tu voluntad, no has dejado que mi compañera me ayudase y socorriese en esta aflicción.

31. Tal es la quinta plegaria que formuló la fiel Sabiduría en el caos, cuando estaba atormentada por las emanaciones materiales del triple poder.

32. Y cuando Jesús hubo hablado así a sus discípulos, les dijo: Que oiga quien tenga oídos para oír.

33. Y quien tenga en sí el hálito brillante, que se adelante y dé la explicación del quinto ruego de la Sabiduría fiel.

34. Y se levantó Felipe cuando hubo hablado Jesús.

35. Y dejó en el suelo un libro que tenía entre las manos, y en ese libro escribía las palabras de Jesús, y todas las cosas que había hecho.

36. Y Felipe, adelantándose, dijo a Jesús: Señor: yo soy aquel a quien has confiado el cuidado del mundo.

37. Para que escriba cuantas cosas nosotros decimos y hacemos.

38. Y no me has permitido exponer la explicación del misterio de las súplicas de la Sabiduría fiel.

39. Y mi espíritu se ha agitado fuertemente en mí, para que yo diese la explicación de ese misterio.

40. Y me he adelantado, porque soy el que escribo todas las cosas.

41. Y Jesús, oyendo a Felipe, le dijo: Escucha, Felipe, que yo te hablo, porque es a ti, y a Tomás, y a Mateo, a quienes el primer misterio ha ordenado escribir todas las cosas que yo diga y haga y cuantas cosas veáis.

42. Aún no ha terminado el número de palabras que tú debes transcribir por escrito.

43. Y cuando termines, tú tendrás holgura para decir lo que quieras.

Pistis Sophia

44. Mas ahora, vosotros tres, escribid las cosas que yo diga y que yo haga, y que yo vea, para que dé testimonio de todo en el reino de los cielos.

45. Y cuando Jesús concluyó estas palabras, dijo a sus discípulos: Quien tenga oídos para oír que oiga.

46. Y Marta se levantó de entre los discípulos y se puso junto a Felipe.

47. Y dijo: Señor, mi oído ha entendido la voz de la luz, y estoy presta a oír, según la fuerza de mi entendimiento, la palabra que tú has dicho.

48. Mas, Señor, déjame que te hable con claridad.

49. Porque tú has dicho: Que oiga quien tenga oídos para oír.

50. Y has dicho también a Felipe: A ti, y a Tomás, y a Mateo, se os ha encargado por el primer misterio de escribir todas las cosas del reino de la luz, para que deis testimonio de ellas.

51. Oye, pues, la explicación de la palabra que tu fuerza de luz hizo profetizar a Moisés cuando dijo: De toda cosa se hará constancia por medio de dos o tres testigos.

52. Y estos tres testigos son Felipe, Tomás y Mateo.

53. Y cuando Jesús oyó esto, dijo: Ésa es, María, la explicación.

54. Adelántate, pues, Felipe, y danos la explicación de la quinta súplica de la Sabiduría fiel.

55. Y luego siéntate hasta el fin de la misión que se te ha encomendado, que es la de escribir todas las cosas del reino de la luz.

56. Y tú continuarás diciendo lo que tu espíritu comprenda.

57. Mas ahora, explica el misterio de la quinta plegaria de la fiel Sabiduría.

58. Y Felipe respondió a Jesús, y dijo: Escucha, Señor, la explicación que yo doy de la quinta plegaria de la fiel Sabiduría.

59. Tu fuerza ha profetizado sobre ella, diciendo en el salmo ochenta y siete de David: Señor, Dios de mi salvación, yo clamo hacia ti de noche y día.

60. Que mi palabra llegue hasta ti y presta oído a mi súplica.

61. Y Jesús, oyendo estas palabras, dijo: Ven y siéntate, querido Felipe, y escribe cuantas cosas yo haga, y cuantas palabras yo diga, y cuantas cosas veas.

62. Y Felipe se sentó y escribió.

Pistis Sophia

XII

Andrés y María interpretan palabras de la Sabiduría fiel y de Jesús

1. Y Jesús continuó hablando a sus discípulos.

2. Y les dijo: La fiel Sabiduría volvió a elevar clamores hacia la luz.

3. Y ésta le remitió el pecado que había cometido.

4. Y dejando su sitio, entró en las tinieblas.

5. Y la Sabiduría fiel elevó su sexta impetración de esta manera:

6. Yo te alabo, luz, en las tinieblas de los infiernos.

7. Escucha mi súplica y que tu luz atienda el clamor de mis plegarias.

8. Porque yo no iría ante ti, y tú me abandonarías, si tú no existieras, oh luz, mi liberadora, a causa de la luz de tu nombre.

9. Yo he creído en ti, luz, y tú eres mi fuerza.

10. Y he sido fiel a tu misterio, y mi fuerza ha creído en la luz que está en lo alto, y ha creído en ella hasta cuando estaba sumida en el caos del infierno.

11. Y toda la fuerza que hay en mí ha creído en la luz, aun cuando estaba sumida en las tinieblas del infierno.

12. Y ellas creerán también cuando lleguen a las regiones superiores, porque Él nos verá y nos rescatará. Y el misterio de su salvación es grande.

13. Y Él preservará todas las fuerzas contra el caos, en virtud de mi falta, cuando, dejando mi sitio, yo he venido al caos.

14. Y quien pueda entender que entienda.

15. Y cuando Jesús acabó estas palabras, dijo a sus discípulos: ¿Comprendéis lo que os he dicho?

16. Y Andrés se adelantó, diciendo: Señor, la fuerza de tu luz profetizó por boca de David, en su ciento veintinueve salmo, al decir: Y he clamado, Señor, desde el fondo del abismo... Escucha mi voz. Que Sirad ponga su confianza en el Señor.

17. Y dijo Jesús: Está bien, Andrés; bienaventurado seas. Que ésa es la explicación de la plegaria de la Sabiduría.

18. En verdad, en verdad, os digo, que yo os haré conocer todos los misterios de la luz.

19. Y toda gnosis, desde el interior de los interiores hasta el exterior de los exteriores.

20. Y desde el Inefable hasta las tinieblas de las tinieblas.

21. Y desde la luz de las luces. Y desde los dioses hasta los demonios.

22. Y desde todos los señores hasta todos los decanos. Y desde todas las revoluciones hasta todas las emanaciones.

Pistis Sophia

23. Y desde la creación de los hombres hasta la de las bestias, y los animales, y los reptiles.

24. Y así se os llamará perfectos y completos en todas las cosas.

25. En verdad, en verdad, os digo: cuando yo sea en el reino de mi Padre, vosotros estaréis conmigo.

26. Y cuando el número del perfecto se cumpla, para que la mezcla sea destruida, yo ordenaré que os conduzca a todos los dioses que no han dado aún la fuerza de su luz.

27. Y ordenaré al fuego de la Sabiduría que respete a los perfectos y consuma a los tiranos hasta que hayan dado la última pureza de su luz.

28. Y cuando Jesús habló así, dijo a sus discípulos: ¿Comprendéis lo que os digo?

29. Y María dijo: He aquí, Señor, el sentido de las palabras que tú has dicho. Tú has dicho que en la destrucción de la nada tú estarás sentado sobre la fuerza de la luz.

30. Y que nosotros, tus discípulos, estaremos sentados a tu diestra.

31. Y que juzgaremos a los tiranos que no hayan dado aún la pureza de su luz.

32. Y del fuego que has dicho que debe consumirlos hasta que hayan dado la última luz que hay en ellos, tu fuerza de luz ha profetizado en el salmo veinticuatro, en que dice David:

33. Dios se sentará en la asamblea de los dioses para juzgar a los dioses.

34. Y Jesús dijo: Está bien, María.

XIII

Interpretación de Tomás

1. Y continuó hablando y dijo a sus discípulos: Y sucedió que cuando la fiel Sabiduría hubo dicho la sexta súplica de la remisión, se volvió a las regiones inferiores.

2. Para ver si sus pecados se le habían remitido, y para ver si iba a ser conducida al caos, ya que la orden del primer misterio para remitirle su pecado no se había dado aún para sacarla del caos.

3. Y se volvió a las regiones superiores, a fin de ver si su súplica se había entendido.

4. Y vio a los doce archones de los doce eones burlándose y regocijándose, porque no se la había escuchado.

5. Y cuando vio cómo se burlaban, se afligió extremadamente y elevó su séptima súplica.

6. Luz, yo he elevado de nuevo mi fuerza hacia ti.

7. Y te suplico que no me dejes caer en la ignominia, ni que los doce archones de los eones que me odian se congratulen de mi desgracia.

8. Porque quienquiera que te sea fiel no será entregado a la ignominia.

9. Y los que me han quitado mi fuerza no seguirán siendo sus poseedores.

10. Mas les será arrebatada y ellos permanecerán en las tinieblas.

11. Luz, muéstrame tus caminos, y yo me salvaré siguiéndolos.

12. Y muéstrame aquellos sitios a que debo dirigirme para libertarme del caos.

13. Y muéstrame la senda en tu luz y haz que yo sepa, ¡oh luz!, que tú eres mi salvador.

14. Y lo creerá en ti en todo tiempo.

15. Vuelve a mí tu atención para salvarme, ¡oh luz!, porque tu misericordia se extiende hasta la eternidad.

16. No me imputes, ¡oh luz santa y recta!, el pecado que me ha hecho cometer mi ignorancia.

17. Sino sálvame por tu gran misterio y que mis pecados me sean remitidos por tu gran bondad.

18. Porque ella me devolverá a la senda, para que yo sea perdonada de mi falta.

19. Y quitará a mis enemigos mi fuerza, que ha sido rota por las emanaciones materiales del triple poder.

20. Porque todas las ciencias de la luz son para la salvación, y los misterios son para los que buscan las regiones de sus posesiones, en virtud del misterio de tu nombre, ¡oh luz!

21. Y mi falta es grande, mas perdónamela.

22. Y dará a cuantos creen en la luz el misterio que quiera.

23. Y su alma estará en las regiones de la luz y su fuerza será la adquisición del tesoro de la luz.

24. Porque la luz es quien da la fuerza a quienes le son fieles.

25. Y el nombre de su misterio está en quienes creen en Él.

26. Y Él les mostrará el lugar de las posesiones que están en el tesoro de la luz.

27. Y yo he sido siempre fiel a la luz que librará mis pies de las cadenas de las tinieblas.

28. Vuelve tu atención a nos, ¡oh luz!, y sálvame.

29. Porque mis enemigos han arrebatado mi nombre en el caos y me han causado grandes aflicciones.

30. Líbrame de estas tinieblas y pon tu mirada en el dolor de mis aflicciones.

31. Perdóname mis errores. Piensa en los doce archones que me acusan y están celosos de mí.

32. Vela sobre mi fuerza y protégeme y no me hagas quedar en estas tinieblas en que te he sido fiel.

33. Porque mis enemigos me han como privado de razón, viendo la fidelidad que tengo por ti.

34. Y ahora, ¡oh luz!, conserva mi fuerza en las penas que me afligen y protégeme contra mis enemigos.

35. Y habiendo así hablado Jesús a sus discípulos, Tomás se adelantó.

36. Y dijo: Señor, mi espíritu se anima y yo me regocijo grandemente, porque nos has revelado estas palabras.

37. Y yo no me he adelantado hasta ahora a mis hermanos para no incomodarlos.

38. Porque los veía reunidos para dar la explicación de los misterios de la Sabiduría fiel.

39. Y he aquí, Señor, que respecto a la séptima plegaria de la Sabiduría fiel, tu fuerza de luz ha profetizado, con la voz de David, en su salmo veinticuatro.

40. Diciendo: Señor: yo he alzado mi voz hacia ti. Señor: yo tengo puesto mi corazón en ti.

41. Y cuando Jesús oyó las palabras de Tomás, le dijo: Bien has hablado, Tomás, y ésa es la explicación del séptimo himno de la fiel Sabiduría.

42. En verdad, en verdad, os digo que todas las criaturas os mirarán en la tierra como bienaventurados.

43. Porque os he revelado estas cosas y os he infundido mi soplo y os he dado la inteligencia espiritual de lo que os digo.

44. Y os he de llenar de toda luz y de toda la fuerza de mi soplo.

45. Para que comprendáis desde ahora todo lo que se os diga y todo cuanto veáis.

46. Esperad un poco, y os hablaré de lo concerniente a las regiones superiores desde el exterior hasta el interior, y desde el interior hasta el exterior.

XIV

La Sabiduría fiel impetra por octava vez el auxilio de la luz

1. Y Jesús prosiguió su discurso a sus discípulos.

2. Y dijo: Cuando la Sabiduría fiel hubo dicho su séptima plegaria en el caos, y sin que aún me hubiese llegado orden del primer misterio para libertarla, elevándola sobre el caos, por mi propio impulso, y en virtud de mi misericordia, sin esperar la orden, la conduje a un lugar despejado sobre el caos.

3. Y sus enemigos cesaron momentáneamente de atormentarla, creyendo que iba a ser definitivamente arrojada en el caos.

4. Y la fiel Sabiduría ignoraba que yo la asistía y me desconocía del todo.

5. Y persistía en celebrar el tesoro de la luz, que había visto antes y al que seguía fiel.

Pistis Sophia

6. Y pensaba que era él el que la asistió, y como era fiel a la luz, creía que su súplica se escucharía y sería llevada del caos.

7. Mas no se había aún cumplido la disposición del primer misterio a fin de que su ruego fuese escuchado.

8. Escuchad, pues, y yo os diré cuántas cosas sucedieron a la fiel Sabiduría.

9. Ocurrió que, cuando yo la llevé a un lugar más desahogado del caos, las emanaciones del triple poder dejaron de atormentarla creyendo que yo la iba a llevar completamente al caos.

10. Y cuando supieron que la Sabiduría fiel no era conducida al caos, volvieron a torturarla sumamente.

11. Y por eso ella elevó su octava súplica.

12. Y dijo de este modo: Yo he puesto, ¡oh luz!, mi corazón en ti; no me dejes en el caos. Escúchame y líbrame en tu pensamiento.

13. Vuelve mi espíritu hacia mí y líbrame; sé mi salvador, ¡oh luz!, y líbrame.

14. Llévame a tu luz, porque tú eres mi salvador y tú me conducirás hacia ti.

15. Y por el misterio de tu nombre, indícame tu camino y dame tu misterio.

16. Y líbrame de la fuerza de rostro de león y de mis enemigos, que me han tendido asechanzas.

17. Porque tú eres mi salvador y yo entregaré la pureza de mi luz en tus manos.

18. Libértame, ¡oh luz!, en tu conocimiento.

19. Y tú te irritarás contra aquellos que vigilan contra mí, para que no se apoderen de mí totalmente.

20. Porque yo he creído en la luz, y yo te adorará y cantará tus alabanzas, para que tengas piedad de mí y vuelvas tu corazón a la pena en que me encuentro.

21. Y tú me librarás y me restituirás mi fuerza fuera del caos.

22. Y no me abandonarás a la fuerza con rostro de león, mas me conducirás a la región en que la aflicción no existe.

23. Y cuando Jesús habló así a sus discípulos, continuó.

24. Y dijo: Cuando la fuerza de faz de león supo que la Sabiduría fiel no había sido arrojada en el caos, vino con todas las otras emanaciones materiales del triple poder.

25. Y otra vez atormentaron a la fiel Sabiduría. Y cuando la torturaban, ella prosiguió impetrando.

26. Y dijo: Ten piedad de mí, luz, porque ellos me atormentan aún.

27. Y cuanto hay en mí, y mi fuerza y mi espíritu son turbados, según tu orden, ¡oh luz!

28. Y mi fuerza ha sufrido grandes perjuicios, mientras yo estaba sujeta a tormentos.

Pistis Sophia

29. Y el número de mi tiempo está en el caos.

30. Y mi luz se ha eclipsado, porque mi fuerza me ha sido arrebatada.

31. Y cuantas fuerzas había en mí han sido destruidas.

32. Y soy impotente ante todos los archones de los eones que me odian y ante las veinticuatro emanaciones en cuyas regiones yo estaba.

33. Y mi hermano ha temido seguirme, en vista de las persecuciones en que me ha visto sumida.

34. Y todos los archones de las regiones superiores me han mirado como la materia en que no hay ninguna luz.

35. Y me he convertido como en una fuerza material que ha caído lejos de los archones.

36. Y cuantos están en los eones han dicho: Ella es como el caos.

37. Y todas las fuerzas que no tienen misericordia han venido sobre mí, para quitarme toda mi luz.

38. Pero yo he creído en ti, luz, y he dicho: Tú eres mi salvador, y mi suerte, que tú has marcado, está en tu mano.

39. Líbrame, pues, de los enemigos que me acusan y me persiguen.

40. Extiende tu luz sobre mí, porque yo no soy nada en tu presencia, y consérvame en tu misericordia.

41. Y no consientas que caiga sobre mí la ignominia.

Los Evangelios Gnósticos

42. Porque es a ti, oh luz, a quien yo glorifico en mis himnos.

43. Que el caos envuelva a mis perseguidores y que sean sumergidos en las sombras infernales.

44. Cierra la puerta a quienes quieren devorarme.

45. Y dicen: arranquémosle la luz que hay en ella.

46. Porque yo no les he hecho ningún mal.

XV

Novena plegaria de la Sabiduría fiel

1. Y Mateo, cuando Jesús hubo hablado así, se adelantó.

2. Y dijo: Señor, tu luz me ha instruido para que yo explique la octava plegaria de la Sabiduría fiel.

3. Porque tu fuerza ha profetizado en el salmo treinta de David, diciendo: En ti he puesto, Señor, mi corazón.

4. No permitas que se me humille eternamente.

5. Y oyendo estas palabras, dijo Jesús: En verdad te digo, Mateo, que cuando el número perfecto sea cumplido, y cuando el universo sea destruido, yo estaré sentado en el tesoro de la luz.

6. Y vosotros estaréis sentados sobre las doce fuerzas de la luz, hasta que sean restablecidos los rangos de los doce salvadores en las regiones de cada uno de ellos.

Pistis Sophia

7. Y continuó hablando y dijo: ¿Comprendéis lo que os he dicho?

8. Y María se adelantó y dijo: Señor, tú siempre nos has hablado en parábolas.

9. Y nos has dicho en ellas: Yo estableceré con vosotros un reino como el que mi Padre ha establecido conmigo.

10. Y comeréis y beberéis en mi mesa y en mi reino.

11. Y estaréis sentados en los doce tronos para juzgar a las doce tribus de Israel.

12. Y Jesús contestó: Está bien, María.

13. Y continuó y dijo a sus discípulos: Y las emanaciones del triple poder continuaron atormentando, en el caos, a la Sabiduría fiel.

14. Y ella pronunció su novena súplica y dijo: ¡Oh luz, confunde a los que me arrebatan mi fuerza y devuélveme la que me han quitado!

15. Ven y sálvame. Porque grandes tinieblas me envuelven y me afligen.

16. Di a mi fuerza: yo te libertaré.

17. Y que cuantos quieren arrebatarme mi luz sean privados de su fuerza y vuelvan al caos.

18. Que sean reducidos a la impotencia los que quieren quitarme mi luz.

19. Que su fuerza sea como el polvo y que tu ángel, Ieû, los hiera.

20. Y si quieren ascender a lo alto, que las tinieblas los rodeen.

21. Y que sean arrojados en el caos, y que Ieû, tu ángel, los persiga para herirlos en las tinieblas del infierno.

22. Porque me han tendido asechanzas y lo mismo la fuerza con faz de león.

23. Y sin que yo los haya dañado, me atormentan y me quieren arrancar mi fuerza toda.

24. Arranca, ¡oh luz!, la pureza a la fuerza de faz de león, sin que ella lo sepa.

25. Y confunde el proyecto que ha maquinado el triple poder, para arrebatar mi fuerza, y arrebátale la suya.

26. Y mi fuerza se regocijará en la luz y será alegre, porque tú la habrás salvado.

27. Y todas las partes de mi fuerza dirán: no hay más salvador que tú.

28. Porque me has librado de la fuerza con rostro de león que me arrebataba mi fuerza.

29. Y me salvarás de todos los que me quitan mi fuerza y mi luz.

30. Porque se han levantado contra ti, profiriendo mentiras, y diciendo que yo conocía el misterio de la luz de la región superior.

31. Y me apremiaban, exclamando: Dinos los misterios de la luz de la región superior.

32. Mas yo ignoraba esos misterios y me han infligido grandes males.

33. Porque yo he sido fiel a la luz de la región superior.

34. Y me he sentado en las tinieblas, con el alma sumida en el duelo.

35. Sálvame, ¡oh luz, a la que elevo mis himnos!

36. Porque yo sé que tú me salvarás, pues que yo hacía tu voluntad cuando estaba en la región de los eones.

37. Y yo cumplía tu voluntad como las potencias invisibles que están en mis regiones y yo lloraba, buscando con celo tu luz.

38. Y ahora mis enemigos me rodean, y se alegran de mis males, y me infligen sin piedad grandes aflicciones.

39. Y rechinan los dientes contra mí y me quieren arrebatar toda mi luz.

40. ¿Hasta cuándo, luz, permitirás que sigan afligiéndome?

41. Libra mi fuerza de sus malos propósitos y presérvame de la fuerza con rostro de león. Porque yo estoy sola en estas regiones.

42. Y en medio de cuantos se han juntado contra mí, yo te glorifico, ¡oh luz!

43. Y clamaré siempre a ti, en medio de todos los que me afligen.

44. Que no se regocijen más sobre mí, atormentándome y quitándome mi fuerza.

45. Tú conoces su astucia, ¡oh luz! No permitas que tu ayuda se aleje de mí.

46. Apresúrate, ¡oh luz! Júzgame en tu bondad y véngame.

47. ¡Oh luz de las luces! Que mis enemigos no me arrebaten mi luz.

48. Y que no digan entre sí: Nuestra fuerza se ha reforzado con su luz.

49. Y que no digan: Hemos devorado su fuerza.

50. Sino que las tinieblas los rodeen y hagan impotentes a aquellos que me quieren robar mi luz.

51. Y que aquellos que dicen: Nosotros hemos robado su fuerza y su luz, sean hundidos en el caos y en las tinieblas.

52. Sálvame, para que yo sea en gozo.

53. Porque yo aspiro a la trecena región de los eones, que es la región de la justicia.

54. Y para que yo diga a toda hora: La luz de Ieû, tu ángel, irá aumentando de brillo.

55. Y mi lengua cantará eternamente tus alabanzas en la decimotercera región de los eones.

XVI

Jacobo explica el significado de la novena plegaria de la Sabiduría fiel, y María interpreta las palabras de Cristo

1. Y cuando Jesús hubo dicho estas palabras a sus discípulos, dijo: Que aquel que entre vosotros haya comprendido nos dé la explicación.

2. Y Jacobo se adelantó y abrazó el pecho de Jesús.

3. Y dijo: Señor: tu soplo me ha infundido inteligencia y estoy presto a explicar lo que nos has dicho.

4. Porque es respecto a esto lo que profetizó tu fuerza, mediante la voz de David, en su salmo treinta y cuatro.

5. Diciendo: Juzga, Señor, a aquellos que me agravian, combate a aquellos que me combaten.

6. Y cuando Jacobo hubo hablado así, dijo Jesús: Tú has hablado bien, Jacobo.

7. Porque ésa es la explicación de la novena súplica de la fiel Sabiduría.

8. Y en verdad, en verdad os digo, que vosotros entraréis conmigo en el reino de los cielos antes que todos los invisibles y todos los dioses y todos los archones que están con el eón trece y con el eón doce.

9. Y no solamente vosotros, sino todo el que haya practicado mis misterios.

10. Y cuando el Salvador hubo hablado así, dijo: ¿Comprendéis lo que acabo de decir?

11. Y dijo María: Señor, es lo que nos has dicho otras veces.

12. Que los últimos serán los primeros y que los primeros serán los últimos.

13. Porque los creados antes que nosotros son los invisibles, pues que existieron antes que el género humano.

14. Y los dioses, y los archones, y los hombres que reciban tus misterios entrarán los primeros en el reino de los cielos.

15. Y dijo Jesús: Así es, María.

XVII

El primer ministro envía a Jesús para socorrer a la Sabiduría fiel

1. Y Jesús prosiguió hablando a sus discípulos.

2. Y dijo: Y ocurrió que cuando la fiel Sabiduría hubo elevado su novena plegaria, la fuerza que tenía rostro de león la atormentó con más fuerza.

3. Y le quería arrebatar su luz. Mas la Sabiduría fiel se dirigió, clamando, hacia la luz.

4. Y dijo: Luz en la que he creído desde el principio, y por la que he sufrido tantos dolores, ven y socórreme.

Pistis Sophia

5. Y su ruego fue entonces atendido.

6. Porque el primer misterio lo oyó y me envió a mí para asistirla.

7. Y vine para ayudarla y la reconduje en el caos.

8. Porque había sufrido grandes penas y aflicciones a causa de su fe en la luz.

9. Y así, fui enviado por el primer misterio para socorrerla en todo.

10. Y aunque yo no había ido aún al mundo de los eones, sobrevine entre todos ellos.

11. Y ninguno de ellos lo supo, ni los que pertenecen a lo interior de lo interior, ni los que están en lo exterior de lo exterior.

12. Y todo lo sabía el primer misterio. Y cuando llegué al caso para ayudarla, ella me vio.

13. Porque yo resplandecía con una gran luz y me presentaba misericordioso.

14. Y no me presentaba altanero, como la fuerza con faz de león que arrebaté la fuerza y la luz a la Sabiduría, y que la atormentó para quitarle cuanta luz había en ella.

15. Y me vio brillando con una luz diez mil veces más poderosa que la de la fuerza con rostro de león.

16. Y comprendió que yo venía de las regiones superiores, en cuya luz ella había tenido fe desde el comienzo de las cosas.

17. Y la fiel Sabiduría tuvo entonces confianza y elevé su décima súplica.

18. Y dijo: Yo he clamado a ti, luz de las luces.

19. Y en mi aflicción me has oído; preserva ahora mi fuerza de los labios injustos y engañosos.

20. Porque estoy envuelta en las asechanzas y calumnias de los orgullosos y de los que no conocen la misericordia.

21. Malhaya yo, que tan lejos estoy de mi morada, y me veo forzada a habitar en el caos.

22. Porque mi fuerza no está en las regiones que me pertenecen.

23. Y he hablado con dulzura a mis enemigos, y cuando yo les hablaba con dulzura, ellos me han atacado sin motivo.

XVIII

La fuerza satánica de rostro de león se encoleriza ante Jesucristo

1. Y cuando Jesús hubo dicho estas palabras a sus discípulos, dijo: Que se adelante aquel que se sienta infundido de inteligencia y que explique la décima impetración de la Sabiduría fiel.

2. Y Pedro contestó y dijo: Señor, tu fuerza de luz ha profetizado esto por boca de David.

3. Cuando dijo en el salmo ciento diecinueve: He clamado a ti, Señor, en mi aflicción.

4. Y tú me has oído, Señor, mas preserva mi alma de los labios injustos y de la lengua mentirosa.

5. Tal es, Señor, la explicación de la décima plegaria de la fiel Sabiduría, tal como ella la pronunció cuando se sentía atormentada por las emanaciones materiales del triple poder, y éstas y la fuerza de faz de león la hacían sufrir extremadamente.

6. Y dijo Jesús: Bien está, Pedro. Has hablado justamente.

7. Y continuó Jesús hablando a sus discípulos.

8. Y dijo: Cuando la fuerza que tenía cara de león se acercaba a mí, al ir hacia la fiel Sabiduría, me vio resplandecer con una luz inmensa.

9. Y se llenó de cólera y proyecté fuera de sí una muchedumbre de otras emanaciones enfurecidas.

10. Y entonces la Sabiduría fiel pronunció su undécima plegaria, y dijo:

11. ¿Por qué la fuerza (de faz de león) se apresta a hacer el mal?

12. Su propósito era herirme y robar la luz que había en mí.

13. Porque yo he preferido descender al caos que permanecer en la región del decimotercero eón, que es la región de la justicia.

14. Y han querido envolverme en sus astucias, para arrebatarme toda mi luz.

15. Mas la luz les quitará toda su luz y destruirá toda su materia.

16. Y les arrebatará toda su luz y no los dejará permanecer en el decimotercero eón, su morada.

17. Y no dejará sus nombres entre los nombres de los vivos.

18. Y las veinticuatro emanaciones verán lo que sucede a la fuerza con faz de león.

19. Para que tomen ejemplo, y teman, y no sean indóciles.

20. Y darán la pureza de su luz y te verán, para que te glorifiquen.

21. Y habrán de decir: He aquí el que no ha dado el brillo de su luz para salvarse.

22. Mas quiere ser glorificado en todo el esplendor de su luz, y él ha dicho: Yo arrebataré la luz de la Sabiduría infiel.

23. Y que aquel cuya fuerza sea exaltada se adelante y diga la explicación de la undécima plegaria de la Sabiduría fiel.

XIX

El triple poder, orgulloso, envía refuerzos a sus emanaciones para combatir el poder de Jesús

1. Y Salomé se adelantó, y dijo: Señor, tu fuerza de luz ha profetizado esto por boca de David, en el salmo cincuenta y uno.

2. Diciendo: ¿Por qué el impío se alaba de su malicia?

3. Y cuando Jesús escuchó estas palabras, dijo: Está bien, Salomé.

4. Y en verdad, en verdad, os digo que yo os instruiré en todos los misterios del reino de la luz.

5. Y Jesús continuó hablando y dijo a sus discípulos: Me aproximé luego al caos.

6. E iba revestido de una luz inmensa, para quitar su luz a la fuerza con faz de león.

7. Y cuando la fuerza con rostro de león me vio, tuvo miedo, y llamó a su dios para que la socorriese.

8. Y se llenó de cólera y la fiel Sabiduría sintió gran espanto.

9. Y se dirigió a mí y dijo: No me olvides, ¡oh luz!

10. Porque mis enemigos han abierto su boca contra mí.

11. Y han querido arrebatarme mi luz y me han odiado.

12. Porque yo entonaba tus alabanzas y te amaba.

13. Que sean sumergidos en las tinieblas exteriores; arrebátales su fuerza y no los dejes remontarse a sus regiones.

14. Y que el caos los envuelva como una vestidura.

15. Ten piedad de mí, ¡oh luz!, por el misterio de tu nombre, y sálvame en tu misericordia.

16. Ven a mi ayuda, porque mi fuerza es destruida.

17. Porque aquí no hay ningún misterio, y mi materia ha sido encadenada, porque se me ha quitado toda mi fuerza.

18. Y que aquel que haya sido animado en su interior, se adelante y explique las palabras de la fiel Sabiduría.

19. Y Andrés dijo: Señor, tu fuerza de luz ha profetizado esto.

20. Cuando dijo por boca de David, en su salmo ciento ocho: Dios mío, no calles en mi elogio, porque los pecadores y los pérfidos han abierto su boca contra mí.

21. Y el primer misterio, continuando su discurso, dijo de esta manera:

22. Y ocurrió que yo no saqué aún del caos a la Sabiduría fiel.

23. Porque yo no había recibido todavía la orden de mi Padre.

24. Y las emanaciones del triple poder, viendo a la Sabiduría fiel otra vez provista de luz como lo fue desde el principio, se detuvieron en sus ataques a la Sabiduría.

25. Y a grandes gritos pidieron asistencia al triple poder.

26. Para que él los ayudase a arrancar otra vez a la fiel Sabiduría las fuerzas que había en ella.

27. Y el triple poder envió otra gran fuerza de luz, que descendía en el caos como una flecha que vuela.

28. Y era para que ayudase a sus servidores a arrebatar a la Sabiduría fiel la fuerza que le había sido reintegrada.

XX

Jesús confunde a las fuerzas del triple poder

1. Y cuando aquella fuerza de luz hubo descendido, los servidores del triple poder tuvieron gran confianza.

2. Y otra vez persiguieron a la Sabiduría fiel, que estaba llena de turbación y espanto y la atormentaron cruelmente.

3. Y uno de ellos se transformó en un basilisco de siete cabezas.

4. Y otro tomó forma de dragón, y la primera potencia del triple poder, con cabeza de león, y otros muchos se reunieron.

5. Y atacaron a la fiel Sabiduría, y la llevaron de nuevo a las regiones inferiores del caos, y la atormentaron mucho.

6. Y ella huyó, y vino a las regiones superiores del caos, y ellos la persiguieron y la torturaron cruelmente.

7. Y Adamas el tirano miró las doce regiones de los eones, y también sintió rabia contra la Sabiduría fiel.

8. Porque había querido subir a la luz de las luces, que está por encima de todos ellos.

9. Y Adamas miró, y vio que los enemigos de la Sabiduría la atormentaban hasta quitarle cuantas luces había en ella.

10. Y cuando la potencia del triple poder hubo descendido en el caos, encontró la fiel Sabiduría.

11. Y la fuerza con rostro de león, y la fuerza con rostro de serpiente, y la fuerza con rostro de basilisco, y la fuerza con rostro de dragón, y todas las fuerzas del triple poder rodearon a la fiel Sabiduría, queriendo arrebatarle por segunda vez sus fuerzas.

12. Y cuando la atormentaban y afligían, ella se dirigió otra vez a la luz.

13. Y dijo: Luz en la que he caído, que tu luz venga a mí.

14. Porque tú eres quien me ha tomado en ella y tú me librarás de mis perseguidores.

15. Y cuando la Sabiduría fiel hubo hablado de este modo, por orden de mi Padre, yo envié a Miguel, y a Gabriel, y a los satélites de la luz.

16. Para que llevasen a la Sabiduría fiel sobre sus manos, a manera que sus pies no tocasen las tinieblas exteriores.

Pistis Sophia

17. Y les ordené que se dirigiesen a las regiones del caos en donde la tenían que conducir.

18. Y cuando los ángeles y las emanaciones de la luz hubieron descendido al caos, todas las emanaciones del triple poder y las de Adamas vieron la emanación de la luz y constituyeron una luz inmensa, a la que ninguna clase de luz era ajena.

19. Y quedaron atemorizados y dejaron a la Sabiduría fiel.

20. Y una gran emanación de luz rodeó por todas partes a la Sabiduría, a derecha e izquierda, y sobre su cabeza se levantó una corona de luz.

21. Y cuando la emanación de la luz rodeó a la fiel Sabiduría, ésta se sintió llena de confianza.

22. Y aquella emanación no dejaba de rodearla y ella no tenía ya las emanaciones del triple poder.

23. Y los servidores del triple poder no pudieron transformar más su figura, ni aproximarse a la Sabiduría fiel por la gran luz que la rodeaba.

24. Y no pudieron hacerle ningún mal, porque ella creía en la luz.

25. Y según el mandato de mi Padre, el primer misterio descendió en el caos.

26. Y ataqué a la potencia del rostro de león, que era la mayor luz, y le arrebaté toda su luz.

27. Y herí a todas las emanaciones del triple poder y todas cayeron, impotentes, en el caos.

28. Y conduje a la fiel Sabiduría a la derecha de Miguel y Gabriel.

29. Y una gran emanación de luz entró en ella.

30. Y miró a sus enemigos, cuya luz había arrebatado yo completamente.

31. Y la hice salir del caos y puse a sus pies los servidores del triple poder que tienen rostro de serpiente.

32. Y el servidor que tiene forma de basilisco de siete cabezas, y la potencia de faz de león y la potencia de faz de dragón.

33. E hice permanecer la Sabiduría encima de la potencia que tiene el aspecto de un basilisco de siete cabezas, y que es la más fuerte de todas en su malicia.

34. Y yo, el primer misterio, he estado encima de ella, y he quitado todas sus fuerzas, y he destruido toda su materia, para que no pueda retoñar.

XXI

Jacobo explica extensamente todas las expresiones de Jesús

1. Y cuando el primer misterio hubo hablado así a sus discípulos, dijo: ¿Comprendéis de qué modo os he hablado?

Pistis Sophia

2. Y Jacobo dijo: Señor: la fuerza de tu luz ha profetizado así respecto a esto, por boca de David, en el noventa salmo: aquel que viva bajo la protección del Altísimo estará bajo la sombra del Dios del cielo.

3. Escucha, pues, para que yo te diga con toda claridad la palabra que tu fuerza ha dicho por boca de David: aquel que viva bajo la ayuda del Altísimo estará bajo la sombra del Dios del cielo.

4. Y cuando la Sabiduría se confiaba a la luz, estaba bajo la luz de la emanación de la luz que sale de él en las regiones superiores.

5. Y ésta es la palabra que tu fuerza dijo por boca de David: Yo diré al Señor: tú eres aquel que me recibe en sí y mi Dios es mi refugio. Yo me he confiado en él.

6. Porque ésta es la misma palabra que la Sabiduría fiel canta en su himno.

7. Tú eres aquel que me recibe en sí y yo voy hacia ti.

8. Y la palabra que dijo tu fuerza: Dios mío, yo creo en ti, y tú me salvarás de las trampas y de las palabras de los malvados, es la misma que dijo la fiel Sabiduría.

9. Luz, yo creo en ti, porque tú me librarás del triple poder y de Adamas el tirano, y tú me librarás de todas las penas que me afligen.

10. Y la palabra que tú has puesto en boca de David: Él cubrirá tu pecho con tu sombra y tú tendrás confianza bajo sus alas, es ésta: La Sabiduría fiel está en la luz que emana de la luz que sale de ti.

11. Y ella persevera, confiando en la luz que la rodea a derecha e izquierda, y que son las alas de la emanación de la luz.

12. Y la palabra que la fuerza de Dios explicó con la boca de David: La verdad te circundará, es la luz de la emanación de la luz, que circundó a la fiel Sabiduría.

13. Y la palabra que ha dicho tu fuerza: Y no temerá el terror de la noche, significa que la Sabiduría fiel no temía los terrores y las turbaciones que la habían rodeado en el caos, que es la noche.

14. Y la palabra que ha dicho tu fuerza: Y no temerá la flecha que vuela en el día, significa que la Sabiduría fiel no temió la fuerza que la verdad envió de la suma altura, y que es en el caos como una flecha que vuela.

15. Así, tu fuerza de luz ha dicho: No temerás la flecha que vuela en el día.

16. Porque esta fuerza sale del treceno eón, el dueño de los otros doce eones, y es la luz para todos.

17. Y por eso has dicho: el día.

18. Y esta otra frase que ha dicho la fuerza de la luz: no temerá a lo que pasea en las tinieblas, quiere decir que la Sabiduría fiel no temió a la fuerza con rostro de serpiente que asustaba a la fiel Sabiduría, en el caos, que constituye las tinieblas.

19. Y la expresión que ha empleado la fuerza: no temerá al demonio del mediodía, significa que la Sabiduría fiel no temió a las proyecciones salidas del tirano Adamas,

el eón doce, y que arrojaron en un destierro a la fiel Sabiduría.

20. Y por eso la fuerza ha dicho: no temerá al demonio del mediodía.

21. Porque la hora del mediodía es la que proviene del duodécimo eón.

22. Y ella salió del caos, que es la noche, y la noche salió del duodécimo eón, que está en medio de todos.

23. Y la fuerza de luz ha dicho: la hora del mediodía, porque los doce eones son el comedio entre el eón trece y el caos.

24. Y la palabra que tu fuerza de luz ha dicho por boca de David: Mil cayeron a su izquierda, y miríadas de ellos a su derecha, y los demás no se le aproximaron, significa que una multitud de emanaciones del triple poder no pudieron permanecer ante la gran luz de la emanación de la luz.

25. Y muchos de ellos cayeron a la izquierda de la Sabiduría fiel, y otros muchos a la derecha, y ninguno podía aproximarse.

26. Y cuando dijo tu fuerza de luz, por boca de David: Y, sin embargo, tú contemplarás a los pecadores, porque tú eres su esperanza, Señor, significa que la Sabiduría fiel ha mirado a todos sus enemigos, que fueron derrotados al fin.

27. Y no sólo ella los ha visto así, sino tú, Señor, el primer misterio, has arrebatado la fuerza de la luz que estaba en la fuerza con la faz de león.

28. Y has arrebatado su fuerza a todos los vástagos del triple poder.

29. Y los has precipitado en el caos y les has impedido ir a sus regiones.

30. Y la Sabiduría fiel ha visto a sus enemigos caídos en el caos y ha visto la recompensa que les ha sido otorgada.

31. Porque habían querido privar a la Sabiduría de su luz, y tú los has privado de la luz que había en ellos, y no a la Sabiduría, que había sido fiel a la luz de las regiones superiores.

32. Y esto, según lo expresó tu fuerza de luz por boca de David: Tú te has refugiado en un lugar elevado y al cual no se te aproximará.

33. Y esto significa que la Sabiduría fiel, habiendo sido acosada por sus enemigos a causa de su fe en la luz, dirigió himnos a la luz, y no pudieron hacerle ningún mal, ni aproximarse a ella.

34. Y la palabra que tu fuerza de luz puso en boca de David: Él ha ordenado a sus ángeles guiarte en todos los caminos y conducirte con sus manos, para que no te hieras contra las piedras, significa que tú has ordenado a Gabriel y a Miguel que condujesen a la Sabiduría por todas las regiones del caos, llevándola en sus manos, para que no tocase a las tinieblas inferiores.

35. Y la palabra que dijo tu fuerza de luz por boca de David: Tú marcharás sobre la serpiente y sobre el basilisco, y sobre la serpiente y sobre el dragón, porque tú tienes confianza en mí, significa que, cuando la fiel

Sabiduría ha sido elevada sobre el caos, ha andado sobre los servidores del triple poder.

36. Y ha andado sobre los que tienen faz de serpiente y forma de basilisco con siete cabezas.

37. Y sobre la fuerza con faz de león, y sobre la que tiene apariencia de dragón.

38. Y como ella fue fiel a tu luz, fue salvada de todas ellas.

39. Y ésta es, Señor, la explicación de las palabras que nos has dicho.

40. Y cuando el primer misterio hubo oído estas palabras, dijo: Así es, mi querido Jacobo.

XXII

Explicación de Tomás

1. Y el primer misterio continuó hablando.

2. Y dijo a sus discípulos: Cuando yo hube conducido a la Sabiduría fiel fuera del caos, ella clamó y dijo:

3. Y he sido preservada del caos y me he visto libre de las ligaduras de las tinieblas.

4. Y he venido hacia ti, ¡oh luz!, porque tú has sido la luz, preservándome y protegiéndome por todas partes.

5. Y los enemigos que me combatían han huido ante la luz.

6. Y no se me han podido aproximar, porque tu luz estaba conmigo.

7. Y la emanación de tu luz me protegía cuando los enemigos que me combatían me habían arrebatado mi luz y, privada de ella, me habían arrojado a los infiernos.

8. Y yo era ante ellos como una materia inerte.

9. Y la fuerza de tu emanación vino de ti hacia mí para salvarme.

10. Y brillaba a mi izquierda y a mi derecha y ninguna de las regiones intermedias en que yo estaba carecía de luz.

11. Y purificaste en mí todas mis malas materias.

12. Y yo fui por encima de todas mis malas materias gracias a tu luz y a la emanación de tu luz.

13. Y confié en tu luz y la emanación pura de tu luz me socorrió.

14. Y los enemigos que me atormentaban fueron alejados de mí.

15. Y éste es el cántico que elevó la fiel Sabiduría cuando fue libertada de los lazos del caos.

16. Y que oiga el que tenga oídos para oír.

17. Y cuando el primer misterio hubo acabado de decir estas palabras, Tomás se adelantó y dijo: Señor, mis oídos han recibido la luz.

18. Y mi inteligencia comprende las palabras que has dicho. Permíteme interpretar las palabras de la Sabiduría fiel.

19. Y el primer misterio se dirigió a Tomás, y dijo: Yo te permito interpretar el himno que me dirigió la fiel Sabiduría.

20. Y Tomás dijo: Señor, respecto al himno que te dirigió la Sabiduría fiel cuando fue libertada del caos, tu fuerza de luz ha profetizado por boca de Salomón, hijo de David, cuando dijo en su oda: He sido libertado de las cadenas que me amenazaban.

21. Y he ido hacia ti, Señor, porque tú eres la mano que me ha protegido y defendido, asistiéndome contra los que me combatían.

22. Y ellos no han aparecido, porque tu faz estaba conmigo y me defendía por un efecto de tu gracia.

23. Y he sido golpeado y vilipendiado y me han desaprobado ante la multitud.

24. Y he sido como el plomo ante ellos.

25. Mas tu fuerza ha venido en mi socorro, y has puesto lámparas a mi izquierda y a mi derecha, para que nadie a mi alrededor careciese de luz.

26. Y tu mano derecha me ha elevado, y me has curado de mi enfermedad.

(No hay versículo 27)

28. Y me he hecho fuerte por tu verdad y por tu justicia.

29. Y los que combatían contra mí han sido alejados.

30. Y he sido justificado por tu bondad en tu reposo para la eternidad de las entidades.

31. He aquí, Señor, la explicación del cántico que elevó la Sabiduría fiel.

32. Y el primer misterio, luego que oyó las palabras de Tomás, le respondió: Está bien, Tomás.

33. Y grande es tu bienaventuranza, que ésa es la explicación del himno que dijo la fiel Sabiduría.

XXIII

Segundo himno que eleva la Sabiduría fiel y explicación que da Mateo

1. Y el primer misterio continuó hablando así a sus discípulos:

2. La Sabiduría fiel me elevó otro himno, diciendo: Yo he levantado mi voz hacia ti.

3. Porque tú me has retirado de la región elevada de los eones que está encima del cielo y me has conducido a las regiones inferiores.

4. Y me has sacado de las regiones inferiores y has quitado la materia que había en mis fuerzas.

Pistis Sophia

5. Y has alejado de mí las emanaciones del triple poder que me atormentaban y eran mis enemigos.

6. Y me has prestado tu ayuda para que yo pudiese librarme de las cadenas de Adamas y para que pudiese vencer al basilisco de siete cabezas.

7. Y los has destrozado por mis manos y me has puesto encima de su materia.

8. Y los has destruido para que su raza no resurja.

9. Y has estado conmigo dándome fuerza, y tu luz me ha envuelto por todas partes, y has hecho impotentes las emanaciones del triple poder.

10. Porque has arrebatado la fuerza de su luz.

11. Y has dirigido mi camino para sacarme del caos y me has hecho salir de las tinieblas materiales.

12. Y has retirado todas mis fuerzas del poder de aquellos a quienes tú has arrebatado la luz.

13. Y has puesto en mis fuerzas una luz pura, y a todas las partes de mi ser que no tenían ninguna luz les has dado una luz pura que proviene de las regiones superiores.

14. Y la luz de tu faz se ha convertido en mi vida.

15. Y me has vuelto a llevar encima del caos, para que todas las materias que hay en sus regiones sean disueltas.

16. Y para que tu luz renueve todas mis fuerzas y esté en todas ellas.

17. Y has puesto en mí la luz de tu emanación me he convertido en una luz purificada.

18. Éste es el segundo himno que dijo la fiel Sabiduría. Y que el que entienda este cántico avance para dar su explicación.

19. Y cuando el primer misterio hubo terminado de decir estas palabras, Mateo se adelantó y dijo: Yo conozco la explicación del himno que elevó la Sabiduría fiel. Permíteme exponerlo con toda claridad.

20. Y el primer misterio contestó: Te lo permito, Mateo. Danos la explicación del himno que pronunció la fiel Sabiduría.

21. Y Mateo dijo: La explicación del himno que dijo en segundo lugar la Sabiduría fiel está profetizada por tu fuerza de luz en una de las odas de Salomón.

22. Él me ha llevado a los lugares situados por encima del cielo.

23. Y me ha llevado a los sitios que están en los cimientos inferiores.

24. Y ha dispersado a mis adversarios y enemigos.

25. Y me ha dado el poder de romper mis cadenas y ha vencido, por mis manos, a la serpiente de siete cabezas.

26. Y me ha puesto sobre su raíz, para que yo destruyese su raza.

Pistis Sophia

27. Y tú estabas conmigo, Señor, y me protegías, y tu nombre era conmigo en todo lugar.

28. Y tu claridad ha destruido la visión del que habla perversamente.

29. Mas tu mano ha tapizado el camino para los que te son fieles.

30. Y los has rescatado del sepulcro y los has conducido por en medio de los cadáveres.

31. Y has recogido los huesos de los muertos, y los has revestido de carne, y has dado a los que nada sentían la energía y la vida.

32. Y has llevado a los eones a su perdición, para que fuesen destruidos todos, y para que renaciesen nuevamente y tu luz fuese doblada por todos ellos.

33. Y has construido tu riqueza mediante ellos y los has convertido en la residencia de tus santos.

34. He aquí, Señor, la explicación del himno dicho por la fiel Sabiduría.

35. Y cuando el primer misterio oyó las palabras que había pronunciado Mateo, dijo: Está bien, Mateo amado.

36. Porque ésa es la explicación del himno que elevó la Sabiduría fiel.

XXIV

María y Marta interpretan palabras de la Sabiduría fiel

1. Y el primer misterio, continuando su discurso, dijo: La Sabiduría elevó en seguida otro himno.

2. Y dijo: Tú eres la luz alta que me has librado y me has conducido hacia ti.

3. Y no has dejado que las emanaciones del triple poder me despojasen de mi luz.

4. Ellas son mis enemigos, ¡oh luz de las luces! Yo elevo mis cánticos hacia ti.

5. Tú me has libertado, luz; tú has elevado mi fuerza en el caos.

6. Y me has librado de aquellos que descienden en las tinieblas.

7. He aquí las palabras que pronunció la Sabiduría fiel. El que comprenda su sentido adelántese y dé una explicación.

8. Y cuando el primer misterio hubo dicho estas palabras a sus discípulos, María se adelantó.

9. Y dijo: Señor, yo comprendo lo que tú acabas de decirnos.

10. Mas temo a Pedro, porque me asusta, y sé el horror que tiene por nuestro sexo.

Pistis Sophia

11. Y cuando María hubo hablado así, el primer misterio le dijo: Nadie podrá enojarse contra quien, sintiendo iluminada su inteligencia, se adelante para explicar las cosas que yo digo.

12. Da, pues, María la explicación de las palabras que pronunció la Sabiduría fiel.

13. Y María, contestando al primer misterio, dijo en medio de los discípulos: Señor, tu fuerza de luz ha profetizado por boca de David las palabras de la Sabiduría fiel.

14. Porque dijo: Yo te exalto, Señor, porque tú me has recibido en ti.

15. Y porque has salvado a aquellos que descendían a sus tumbas.

16. Y cuando María hubo hablado de este modo, el primer misterio dijo: Bienaventurada eres, María.

17. Y prosiguió hablando y dijo a sus discípulos: La Sabiduría fiel pronunció en seguida este otro himno:

18. La luz ha sido mi libertadora y ha cambiado mis tinieblas en luz.

19. Y ha abierto el caos que me envolvía y me ha ceñido de luz.

20. Y cuando el primer misterio hubo pronunciado tales palabras, Marta se adelantó y dijo: Señor, tu fuerza ha profetizado esto por boca de David.

21. Diciendo: Yo te loaré, Señor, porque tú me has recibido en ti.

22. Y cuando el primer misterio oyó las palabras de Marta dijo: Está bien, Marta.

23. Y siguió dirigiéndose a sus discípulos y les dijo: La Sabiduría fiel siguió recitando himnos.

24. Y dijo: Mi fuerza ensalza las alabanzas de la luz.

25. Y no olvida las fuerzas de la luz y todas las fuerzas que hay en ti.

26. Yo elevo un himno al santo misterio que me ha remitido todas mis faltas.

27. Porque me ha protegido contra todas las aflicciones con que mis enemigos me herían.

28. Y ha librado mi luz de todos los perseguidores, que encarnizadamente me ofendían.

29. Y su misericordia te ha dado, ¡oh fuerza mía!, una corona de luz, y te ha libertado y llenado de una luz pura.

30. Y habiendo pronunciado estas palabras, dijo el primer misterio: Aquel que pueda dar la explicación de estas palabras que avance y que la dé con claridad.

31. Y María se adelantó y dijo: Señor, tu fuerza de luz ha profetizado sobre esto, poniendo en boca de David estos términos: Que mi alma loe al Señor y que cuanto está en mí loe al Señor.

32. Y cuando el primer misterio oyó las palabras de María, dijo: Está bien, María: bienaventurada tú eres.

XXV

Diálogo de Jesucristo con la Sabiduría fiel

1. Y siguió hablando el primer misterio y dijo a sus discípulos: Y conduje a la Sabiduría fiel.

2. Y la llevé a las regiones que están debajo del treceno eón.

3. Y la comuniqué el nuevo misterio de la luz y le di el himno de la luz, para que los archones de los eones no pudiesen molestar desde aquel punto y hora.

4. Y la puse en aquel lugar hasta que, yendo a ella, la condujese a su puesto, que está en las regiones superiores.

5. Y cuando la hube puesto en aquel sitio, ella me elevó otro himno.

6. Y dijo de esta manera: Yo soy fiel a la luz y la alabo, porque se ha acordado de mí y ha escuchado mis himnos.

7. Y ha sacado mi fuerza del caos y de todas las tinieblas de la materia.

8. Y llevándome a lo alto me ha puesto en una región elevada y firme.

9. Y me ha puesto en el camino que conduce a mi sitio, y me ha dado el nuevo misterio y me ha comunicado el himno de la luz.

10. Y ahora, luz, todos los archones verán lo que has hecho conmigo y así serán temerosos y fieles a la luz.

11. Éste fue el himno que profirió la Sabiduría fiel, henchida de júbilo al verse sacada del caos, y conducida a la zona que está debajo del decimotercer eón.

12. Y que aquel cuya inteligencia comprenda el himno dicho por la fiel Sabiduría se adelante para explicarlo.

13. Y Andrés se adelantó. Y dijo: Señor, tu fuerza de luz profetizó este punto por boca de David, haciendo que dijera: El Señor ha escuchado mi plegaria y ha sacado mi alma de la tumba.

14. Y cuando Andrés hubo dado la explicación de las palabras de la fiel Sabiduría, el primer misterio le dijo: Bienaventurado eres, Andrés.

15. Y siguió hablando y dijo a sus discípulos: Estas son las cosas que sucedieron a la Sabiduría fiel.

16. Y cuando la hube llevado a las regiones que están bajo el treceno eón, habiéndome aproximado a la luz, me dijo: La luz de las luces vuelve hacia ti la luz y sepárate de mí, para que el tirano Adamas sepa que tú estás separado de mí.

17. Y para que ignore quién debe libertarme.

18. Porque han venido hacia mí en esta región él y todos los archones que me odian.

19. Y el triple poder que dio la potencia a la fuerza con rostro de león, para que viniesen a atormentarme.

20. Y para que me arrebatasen mi luz y así quedase yo sin potencia y me viese privada de toda luz.

Pistis Sophia

21. Luz y luz mía, quítales la fuerza de su luz, para que no puedan afligirme más desde ahora.

22. Y cuando escuché las palabras que decía la Sabiduría fiel, le respondí: Mi padre que me ha creado no me ha permitido aún quitarles su luz.

23. Mas yo irradiaré mi luz en todas las regiones del triple poder y de todos los archones que te odian, porque tú has sido fiel a la luz.

24. E irradiaré mi luz en las regiones de Adamas y de sus archones, para que no tengan fuerza para combatir contra ti.

25. Hasta que su tiempo se cumpla y hasta que llegue el momento en que mi Padre me permita arrebatarles su luz.

26. Y le dije aún: Escucha, y te haré conocer cuándo llegará su tiempo y el cumplimiento de las cosas que te he dicho.

27. Ellas ocurrirán cuando tres tiempos hayan sido cumplidos.

28. Y la Sabiduría fiel me respondió: Luz, haz que yo sepa cuándo serán cumplidos los tres tiempos.

29. Para que yo me regocije y sea en el gozo cuando se acerque el momento en que debes conducirme al lugar que me está reservado.

30. Y para que me regocije también cuando se aproxime el tiempo en que tú quitarás la luz a cuantos me odian porque he sido fiel a la luz.

31. Y yo le repliqué: Cuando tú veas abrirse la puerta del tesoro de la gran luz, que está a la izquierda del treceno eón.

32. Porque cuando ellos hayan abierto esta puerta, los tiempos serán cumplidos.

33. Y la Sabiduría contestó: Luz, estando en los lugares en que estoy, ¿cómo sabré que esa puerta se ha abierto?

34. Y yo le respondí: Cuando se abra esa puerta, todos aquellos que están en las regiones del espacio lo sabrán porque una gran luz se expandirá en todas sus regiones.

35. Y yo he dispuesto esas puertas para que tus enemigos no puedan hacerte ningún mal hasta que los tres tiempos sean cumplidos.

36. Y tendrás la facultad de ir entre los doce eones cuando tú quieras y de volver a tu lugar, debajo de la trecena región de los eones, en el que estás ahora.

37. Mas no tendrás la facultad de entrar por la puerta de las regiones superiores, que está en el decimotercer eón, para entrar en tu lugar, de donde tú has salido.

38. Y cuando los tres tiempos sean cumplidos, tus enemigos te atormentarán de nuevo con todos sus archones para quitarte la luz.

39. Porque estarán irritados contra ti, creyendo que tú te has apoderado de su fuerza en el caos y pensando que tú les has quitado su luz.

40. Y te acometerán para arrebatar tu luz, para ponerla en el caos y darla a sus criaturas, a fin de que puedan salir del caos y venir a su región.

41. Y Adamas los asistirá. Mas yo les quitaré todas sus fuerzas, y te las daré, y vendré para que tú las tomes.

42. Y cuando te atormenten, eleva un himno a la luz y yo no diferiré el darte mi ayuda.

43. Y vendré prontamente hacia ti desde los lugares que están debajo de ti.

44. Y les quitaré toda su luz y, del lugar en que te he colocado, debajo de la decimotercera región de los eones, te conduciré al lugar del que has salido.

45. Y cuando la Sabiduría fiel hubo oído estas palabras, se regocijó sumamente.

46. Y dejándola en la región que está debajo de la decimotercera región de los eones, me separé de ella y fui hacia la luz.

XXVI

Adamas y sus archones, al cumplirse los tres tiempos previstos por Jesús, atacan a la Sabiduría fiel

1. Y cuando el primer misterio contó a sus discípulos cuanto había sucedido a la Sabiduría fiel, estaba en el Huerto de los Olivos y era allí donde les contaba estas cosas.

2. Y prosiguió hablando y dijo: Y ocurrió que estaba yo sentado en el mundo de los hombres.

3. Y estaba sentado en el camino que conduce a este lugar, es decir, al monte de los Olivos.

4. Y esto era antes que se me hubiese enviado mi investidura, de la que yo me revestí en el misterio veinticuatro.

5. Y no había ido aún a las regiones superiores a recibir mis dos vestes.

6. Y estando sentado junto a vosotros en este lugar, que es el Huerto de los Olivos, el tiempo que yo había marcado a la Sabiduría fiel se cumplió.

7. Y cumplido ese tiempo, Adamas, con todos sus archones, debía atormentarla.

8. Y cuando ese tiempo fue cumplido yo estaba en el mundo de los hombres.

9. Y estando yo con vosotros en este lugar, Adamas miró de lo alto de los doce eones a la región del caos.

10. Y vio su fuerza, que estaba en el caos falta de luz. Porque yo le había quitado su luz.

11. Y vio que estaba oscura, y que no podía ir a su lugar, que está en los doce eones.

12. Y Adamas se acordó de la Sabiduría fiel y se irritó extremadamente contra ella.

13. Porque pensó que ella se había apoderado de su fuerza en el caos y le había quitado su luz.

14. Y tomó con él una multitud de archones y persiguieron a la Sabiduría para arrojarla en el caos.

15. Y ella elevó su luz hacia mí, implorando mi ayuda.

16. Y dijo: Luz de las luces, yo pongo mi confianza en ti.

17. Líbrame de mis enemigos y no permitas que me arrebaten mi luz.

18. Eleva mis fuerzas por encima de mis enemigos, que se han declarado contra mí y me persiguen sin tregua.

19. Apresúrate y socórreme, según me lo has prometido.

20. Y cuando el primer misterio hubo dicho estas palabras, añadió: Que el que comprenda las palabras de la fiel Sabiduría se adelante para dar su explicación.

21. Y Jacobo se adelantó y dijo: Señor, tu fuerza de luz profetizó acerca de esto cuando puso en boca de David las palabras de su séptimo salmo.

22. Señor Dios, yo creo en ti. Protégeme contra mis perseguidores.

23. Y cuando el primer misterio hubo escuchado estas palabras, dijo: Así es, amado Jacobo.

24. Y Jesús continuó hablando. Y dijo: Ocurrió que, cuando la Sabiduría fiel concluyó aquel himno, se volvió para ver si Adamas se marchaba con sus archones.

25. Y vio que la perseguían y se volvió hacia ellos.

26. Y les dijo: ¿Por qué me perseguís? ¿Porque creéis que no recibiré ningún socorro que me libre de vosotros?

27. Porque quien me defiende es justo.

28. Y su luz es potente y él me defenderá en el tiempo que me ha marcado.

29. Porque me ha dicho: Yo vendré para socorrerte.

30. Y él extenderá su cólera sobre vosotros en todo momento. Porque éste es el tiempo que él me ha fijado.

31. Volved atrás y dejad de perseguirme. Porque si no, la luz preparará su fuerza.

32. Preparará todas sus fuerzas, y os quitará vuestra luz, y vosotros quedaréis en la oscuridad.

33. Porque ha procreado sus fuerzas para arrebatar vuestra luz con objeto de que perezcáis.

34. Mas cuando la Sabiduría fiel habló así, miró a la región de Adamas.

35. Y vio aquella región en tinieblas y el caos procreado por él.

36. Y vio también dos próbolos oscuros y crueles que Adamas había procreado para que asiesen a la fiel Sabiduría.

37. Y para que la condujesen al caos que él procreó y la atormentasen allí hasta quitarle su luz.

38. Y cuando la Sabiduría fiel vio aquellos dos próbolos oscuros y crueles que Adamas había procreado, y la región tenebrosa del caos que él procreó, quedó sumida en espanto.

XXVII

Jesús libera a la Sabiduría fiel de sus enemigos y la conduce a la región prometida

1. Y se dirigió a la luz, clamando: Luz, he aquí que Adamas, el fautor de lo injusto, ha entrado en cólera.

2. Y ha creado un próbolo obsceno y un segundo próbolo. Y ha procreado el caos.

3. Quítale, ¡oh luz!, el caos que ha creado para llevarme a él y privarme de mi luz.

4. Y destruye la resolución que ha tomado de quitarme mi luz.

5. Y en castigo de su injusticia al quererme quitar mi luz, quítale todas las suyas.

6. Tales fueron las palabras que la Sabiduría fiel dijo en su himno.

7. Que aquel cuya inteligencia haya comprendido las palabras de la fiel Sabiduría salga aquí para explicarlas.

8. Y Marta se adelantó, y dijo: Señor, yo he comprendido las palabras de la Sabiduría fiel. Permíteme explicarlas claramente.

9. Y el primer misterio contestó a Marta. Y le dijo: Yo te permito, Marta, explicar las palabras del himno de la fiel Sabiduría.

10. Y dijo Marta: Señor, esas palabras las profetizó tu fuerza de luz por boca de David, en el séptimo salmo.

11. Diciendo: Mi Dios es un juez verdadero, fuerte y compasivo.

12. Y si vosotros no os convertís, él aguzará sus armas.

13. Y tenderá su arco, y lo manejará, y sus flechas os acabarán.

14. Y cuando Marta hubo concluido, el primer misterio la miró y le dijo: Está bien, Marta; dichosa tú eres.

15. Y sucedió que, una vez que Jesús hubo explicado a sus discípulos todo lo que había experimentado la Sabiduría fiel cuando fue precipitada en el caos.

16. Y el modo según el cual ella dirigía himnos a la luz para que la salvase y la sacase del caos.

17. Y cómo la introdujo en la duodécima región de los eones, y cómo la luz la protegió en todas las aflicciones que le habían infligido los archones, porque quería elevarse a la luz.

18. Jesús continuó su discurso. Y dijo: En seguida tomé a la fiel Sabiduría y la llevé a la decimotercera región de los eones.

19. Y había allí una luz inmensa, superior a toda otra luz.

20. Y la llevé a la región del veinticuatro invisible, donde había una luz infinita.

21. Y todos quedaron turbados viendo venir conmigo a la Sabiduría.

22. Y la conocían, mas no me conocían a mí.

23. Porque creían que era la emisión de la región de la luz.

24. Y cuando la Sabiduría fiel vio a sus compañeros invisibles, se llenó de una extrema alegría.

25. Y quiso mostrarles los milagros que yo había hecho por ella, desde que yo me encontraba en el mundo de los humanos hasta que la conduje a la región de la luz.

XXVIII

La Sabiduría fiel alaba a Jesús en medio del veinticuatro invisible

1. Y elevándose entre los veinticuatro invisibles y estando en medio de ellos, me elevó un himno.

2. Y dijo: Yo declaro ante ti, ¡oh luz!, que tú eres el Redentor y el Salvador eterno.

3. Y entonaré un himno a la luz que me ha librado y protegido contra la mano de mis enemigos los archones.

4. Porque tú me has librado en todas las regiones: lo mismo en las regiones superiores que en el fondo del caos.

5. Y en las esferas de los archones de los eones y cuando yo descendí de la altura.

6. Y cuando me perdí en las regiones en las que no hay ninguna luz.

7. Porque yo no hubiera podido volverme a ti en la decimotercera región de los eones.

8. Pues que no había en mí ninguna luz ni fuerza alguna, que mi fuerza estaba agobiada bajo la aflicción.

9. Y la luz me ha protegido en todos mis dolores y me ha escuchado cuando yo estaba entregada a mis enemigos.

10. Y me ha indicado el camino en la región de los eones, para conducirme a la decimotercera región de los eones, que es mi morada.

Pistis Sophia

11. Yo te rindo homenaje, ¡oh luz!

12. Porque tú me has salvado. Y yo te celebraré, y a tus milagros, ante la raza de los hombres.

13. Y porque cuando yo estaba privada de mi fuerza, tú me has dado la fuerza.

14. Y cuando yo estaba privada de mi luz, tú me has infundido una luz pura.

15. Porque yo he estado en las tinieblas y en las sombras del caos.

16. Y he estado sujeta por duras cadenas en el caos en que no hay luz alguna.

17. Porque yo he merecido la ira de la luz al desobedecer su mandato y salir de la región que me correspondía.

18. Y cuando hube descendido, fui privada de mi fuerza y de mi luz.

19. Y nadie me socorrió, y cuando mis enemigos me torturaban, yo me dirigía a la luz.

20. Y ella me protegió contra todos mis enemigos.

21. Y rompió mis cadenas y me sacó de las tinieblas y de la aflicción del caos.

22. Yo te glorifico, luz, porque tú me has salvado.

23. Y porque tus milagros han sido patentes ante la raza de los hombres.

Los Evangelios Gnósticos

24. Porque tú has roto las elevadas puertas de las tinieblas y los duros grillos del caos.

25. Y cuando mis enemigos me mortificaban, yo he dirigido un himno a la luz y ella me ha librado de todos mis perseguidores.

26. Porque al enviar tu emanación hacia mí, ella me ha dado fuerza y me ha sacado de todas mis aflicciones.

27. Yo te ensalzo, luz, porque tú me has salvado y porque has hecho milagros ante la Humanidad.

28. Es el himno que pronunció la fiel Sabiduría cuando se encontraba en el centro del veinticuatro invisible.

29. Para hacer saber cuántos milagros había hecho yo por ella.

30. Y para que se supiese que, viniendo al mundo de los humanos, yo les había transmitido los misterios de las regiones superiores.

31. Que aquel cuyo entendimiento haya sido iluminado se llegue a explicar este himno proferido por la Sabiduría fiel.

32. Y cuando Jesús acabó de decir estas palabras, se adelantó Felipe.

33. Y dijo: Señor, alta está mi mente y me siento capaz de interpretar el himno de la Sabiduría.

34. Porque sobre esto profetizó David en el salmo ciento seis, cuando dijo: Rendid homenaje al Señor.

35. Porque es compasivo y su misericordia se extiende hasta la eternidad.

36. Y ésta es, Señor, la explicación del himno de la Sabiduría.

37. Cuando Jesús lo escuchó, dijo: Es verdad, Felipe.

38. Bienaventurado tú eres, porque ésa es la explicación del himno que elevó la Sabiduría fiel.

XXIX

María Magdalena pregunta a Jesús sobre la esencia, composición y modo de ser de los veinticuatro invisibles

1. Y después de todas estas cosas, María Magdalena se adelantó y adoró los pies de Jesús.

2. Y dijo: Señor, no te incomodes si te interrogo.

3. Porque nosotros nos informamos de todo con celo ardiente.

4. Tú nos has dicho siempre: Buscad y encontraréis. Llamad y se os abrirá.

5. ¿Cuál es, Señor, aquel que encontraremos? ¿Quién es aquel a quien hemos de llamar?

6. ¿Quién puede darnos la explicación de las palabras sobre las que te preguntamos?

7. Porque tú nos has dado el conocimiento de la luz y nos has revelado cosas sublimes.

8. No hay en el mundo ser humano que tenga este conocimiento.

9. Nadie existe en las regiones superiores de los eones que pueda explicarnos el sentido de las palabras que tú dices.

10. Sólo tú, que todo lo sabes y en todo eres perfecto, nos lo puedes explicar.

11. Porque nosotros no inquirimos estas cosas como los demás hombres que hay en el mundo.

12. Sino que las buscamos en el conocimiento que de las regiones superiores nos has dado tú.

13. Y las buscamos también en el lugar de la explicación perfecta con que tú nos has instruido.

14. No te incomodes, Señor, contra mí.

15. Mas revélame la palabra sobre cuyo sentido yo te interrogue.

16. Y cuando Jesús hubo oído las palabras que había dicho María Magdalena, le contestó: Pregunta lo que quieras, pregunta.

17. Y yo te revelaré con interés y verdad cuanto tú has de hacer.

18. En verdad, en verdad, os digo que os entreguéis a una gran alegría y a un júbilo extremo.

Pistis Sophia

19. Y que me preguntéis celosamente sobre todo. Porque yo me regocijaré informándoos fielmente de lo que os conviene saber.

20. Pregunta lo que quieras conocer y te lo explicaré con satisfacción.

21. Y cuando María oyó las palabras del Salvador, tuvo sumo regocijo.

22. Y dijo a Jesús: Mi Salvador y Señor, ¿cómo son los veinticuatro invisibles?

23. ¿Y cómo son sus regiones, y de qué especie son, o de qué género es su luz?

24. Y Jesús contestó a María: ¿Qué hay parecido en este mundo a ellos?

25. ¿A qué los comparará y qué es lo que de ellos podré deciros?

26. Nada en este mundo les es comparable, nada que se les pueda asimilar.

27. Porque nada hay en este mundo que sea de la especie de las cosas del cielo.

28. En verdad os digo que cada invisible es mayor que el cielo y que la esfera que está bajo él.

29. Porque nada hay en este mundo más deslumbrante que la luz del sol.

30. Pero, en verdad, en verdad, os lo digo: Los veinticuatro invisibles tienen una luz diez mil veces más brillante que la del sol de este mundo.

31. Y la luz del gran antepasado invisible es diez mil veces más brillante que la luz que os he dicho que tienen los veinticuatro invisibles.

32. Mas esperad un poco y yo os conduciré a ti y los discípulos, tus hermanos, a todos los lugares de las regiones superiores.

33. Y llevaré a los tres fundamentos el primer misterio y hasta el lugar único del círculo del Inefable.

XXX

Jesús describe a sus discípulos el aspecto de las regiones superiores

1. Y entonces veréis en la realidad esas formas que no tienen parangón.

2. Y cuando os haya conducido a las regiones superiores, veréis la gloria de los que pertenecen a las regiones superiores.

3. Y sentiréis una admiración extrema y, cuando os lleve a la región de los archones de la Heimarméné, veréis la gloria en que están.

4. Y miraréis al mundo que está ante vosotros como la oscuridad de la oscuridad.

5. Y cuando miráis al mundo que habita el género humano, os parecerá un grano de polvo, por la gran distancia que os separará de él.

6. Y cuando os conduzca a la región de los doce eones, veréis la gloria en que están.

7. Y esta gloria os hará ver la región de los archones de la Heimarméné como la oscuridad de las tinieblas y ella será ante mí como un grano de polvo.

8. Y cuando os haya llevado a la región trece de los eones, las doce regiones de los eones os parecerán como la oscuridad de las tinieblas.

9. Y cuando miráis las doce regiones de los eones, os parecerán como un grano de polvo.

10. Y cuando os lleve a la región del medio y veáis la gloria que allí brilla, la decimotercera región de los eones os parecerá la oscuridad de las tinieblas.

11. Y si desde allí miráis a los doce eones, y a sus esferas, y cuanto los acompaña, os parecerán, por la distancia y por la superioridad sobre ellos, como un grano de polvo.

12. Y cuando os haya conducido a las regiones de aquellos que pertenecen a la derecha, y veáis la gloria en que están, las regiones de los que pertenezcan al centro os parecerán como la noche del mundo de los hombres.

13. Y al mirar el centro, vuestros ojos lo verán como un grano de polvo, por la gran distancia que lo separa de las regiones donde habitan los que están a la derecha.

Los Evangelios Gnósticos

14. Y cuando yo os conduzca a la tierra de luz donde está el tesoro de la luz, para que veáis la gloria que esplende allí, las regiones de la derecha os parecerán como la luz de mediodía en el mundo de los hombres cuando el sol no brilla.

15. Y cuando miréis las regiones de la derecha, os parecerán como un grano de polvo, por la gran distancia que las separa del tesoro de la luz.

16. Y cuando yo os conduzca a las regiones de los que han recibido los misterios de la luz, para que veáis la gloria de luz en que están, la tierra de la luz os parecerá semejante a la luz del sol del mundo del género humano.

17. Y cuando miréis a la tierra de la luz, la distancia y lo inferior que es os la harán parecer como un grano de polvo.

18. Y cuando Jesús acabó de decir estas palabras a sus discípulos, María Magdalena se adelantó.

19. Y dijo: Señor, no te incomodes si te pregunto, porque nosotros nos informamos con celo de todas las cosas.

20. Y Jesús contestó a María: Pregunta lo que quieras preguntar.

21. Y yo te contestaré claramente, sin parábola, y os diré todas las cosas desde el interior de los interiores hasta el exterior de los exteriores.

22. Y desde el Inefable hasta la oscuridad de las tinieblas, para que tengáis de todo conocimiento completo.

23. Dime, pues, María, lo que deseas saber y yo te lo revelará con satisfacción.

24. Y ella dijo: Señor, los hombres que hayan recibido los misterios de la luz ¿serán más ensalzados en tu reino que los próbolos del tesoro de la luz?

25. Porque yo te he oído decir: Cuando os haya llevado a la región de los que recibieron los misterios, la región de la tierra de la luz os parecerá como un grano de polvo.

26. Y esto por la gran distancia y la gran gloria en que está la región de los que han recibido los misterios.

27. Dinos, pues, Señor: ¿Los hombres que reciban los misterios serán más ensalzados que la tierra de la luz?

28. ¿Serán, pues, más altos que ella en el reino de luz?

29. Y Jesús contestó a María: Bien está que te informes con celo de todo.

30. Mas yo te hablaré de la misión de los eones y de la erección del universo.

XXXI

Jesús explica a sus discípulos los misterios de los doce salvadores, las parábolas y los árboles del tesoro de la luz

1. Porque ya os lo dije: Cuando os haya conducido a las regiones que son patrimonio de aquellos que han recibido los misterios de la luz, las regiones de los próbolos de la luz no os parecerán más que un grano de polvo, y como la luz del sol del día.

2. Y estas cosas ocurrirán en el tiempo de la erección del universo.

3. Y los doce salvadores de los tesoros, y los doce rangos de aquellos que son los próbolos de las siete voces y de los cinco árboles estarán conmigo en las regiones del patrimonio de la luz.

4. Y estarán conmigo en mi reino.

5. Y cada uno estará sobre sus próbolos, y cada uno será rey sobre su gloria, grande sobre su grandeza y pequeño sobre su pequeñez.

6. Y el salvador del próbolo de la primera voz estará en la región de las almas que recibieron el primer misterio del primer misterio en mi reino.

7. Y el salvador del próbolo de la segunda voz estará en la región de las almas que recibieron el segundo misterio del primer misterio en mi reino.

8. Y el salvador del próbolo de la tercera voz estará en la región de los que recibieron el tercer misterio del primer misterio en el patrimonio de la luz.

9. Y el salvador del próbolo de la cuarta voz del tesoro de la luz estará en la región de las almas de los que recibieron el cuarto misterio del primer misterio en el patrimonio de la luz.

10. Y el salvador del próbolo de la quinta voz del tesoro de la luz estará en la región de las almas que recibieron el quinto misterio del primer misterio en el patrimonio de la luz.

11. Y el sexto salvador del próbolo de la sexta voz residirá en las regiones de las almas que hayan recibido el sexto misterio del primer misterio.

12. Y el séptimo salvador del próbolo de la séptima voz del tesoro de la luz estará en la región de las almas que recibieron el séptimo misterio del primer misterio en el tesoro de la luz.

13. Y el octavo salvador, que es el salvador del próbolo del primer árbol del tesoro de la luz, estará en la región de las almas que reciben el octavo misterio del primer misterio en el patrimonio de la luz.

14. Y el noveno salvador, que es el salvador del próbolo del segundo árbol del tesoro de la luz, estará en la región de las almas que reciben el noveno misterio del primer misterio en el patrimonio de la luz.

15. Y el décimo salvador, que es el salvador del próbolo del tercer árbol del tesoro de la luz, estará en la región de

las almas que reciben el décimo misterio del primer misterio en el patrimonio de la luz.

16. Y el undécimo salvador, que es el salvador del próbolo del cuarto árbol del tesoro de la luz, estará en la región de las almas que reciben el onceno misterio del primer misterio en el patrimonio de la luz.

17. Y el duodécimo salvador, que es el salvador del próbolo del quinto árbol del tesoro de la luz, estará en la región de las almas que reciben el duodécimo misterio del primer misterio en el patrimonio de la luz.

18. Y los siete amén, y los cinco árboles, y los tres amén estarán a mi derecha, como reyes que subsisten en el patrimonio de la luz.

19. Y los salvadores gemelos que son el hijo del hijo.

20. Y los nueve guardianes estarán a mi izquierda, como reyes que siguen siendo en el patrimonio de la luz.

21. Y cada uno de los salvadores será rey sobre su próbolo, en el patrimonio de la luz, como lo son en el tesoro de la luz.

22. Y los nueve guardianes de los tesoros de la luz estarán más elevados que los salvadores en el patrimonio de la luz.

23. Y los salvadores gemelos estarán más elevados que los nueve guardianes en el reino.

24. Y los tres amén estarán más elevados que los dos salvadores gemelos en el reino.

25. Y los cinco árboles estarán más elevados que los tres amén en el patrimonio de la luz.

26. Y Jeû, guardián de las posesiones de la luz, y el gran Sabaoth, el bueno, serán reyes sobre el primer salvador de la primera voz del tesoro de la luz, que está en la región de aquellos que reciban el primer misterio del primer misterio.

27. Porque Jeû es el guardián de las regiones de los que están a la derecha, y Melquisedec, el gran heredero de la luz. Y los dos grandes jefes que emanan de la luz elegida, que es la pureza misma, y que se extiende desde el primer árbol hasta el quinto.

28. Jeû es el obispo de la luz, que emana el primero en la pureza de la luz del primer árbol.

29. Y es el guardián del patrimonio de los que pertenecen a la derecha y emanan del segundo árbol, y los dos jefes emanan también de la pura luz elegida del tercero y del cuarto árbol en el tesoro de la luz.

30. Y Melquisedec emana del quinto árbol.

31. Y el gran Sabaoth, el bueno, a quien yo he llamado mi Padre, emana de Jeû, el guardián de la luz.

XXXII

Jesús explica a sus discípulos el destino de los hombres que no hayan sido iniciados en los misterios

1. Y a causa de la sublimidad de la esencia que ha sido puesta en ellos, todos serán reyes asociadamente en el primer misterio de la primera voz del tesoro de la luz.

2. Y estarán en la región de las almas que reciben el primer misterio del primer misterio.

3. Y donde están la virgen de la luz y el gran conductor del medio, que los archones de los eones llaman el gran Iaô.

4. Y este es el nombre del gran archón que está en sus regiones.

5. Y él y la virgen de la luz y sus doce diáconos serán también todos ellos reyes.

6. Y vosotros habréis la forma y la fuerza de los doce diáconos.

7. Y el primer salvador de la primera voz estará en la región de las almas de los que recibieron el primer misterio del primer misterio en las posesiones de la luz.

8. Y los quince satélites de las siete vírgenes de la luz que están en el medio emanarán de las regiones de los doce salvadores.

9. E igualmente los demás ángeles del medio, cada uno sobre su gloria.

10. Para que sean reyes conmigo en las posesiones de la luz.

11. Y yo seré rey sobre todos ellos en las posesiones de la luz.

12. Y todas las cosas que os digo no sucederán ahora.

13. Sino que sucederán cuando se verifique la asociación de los eones, que es la solución de todas las cosas, y la erección total de la cuenta de las almas que participen en las posesiones de la luz.

14. Y antes de la asociación que os digo, ninguna de estas cosas tendrá lugar.

15. Y cada uno estará en su región donde ha sido colocado desde el comienzo, hasta que el número de la congregación de las almas admitidas se haya completado.

16. Y las siete voces, y los cinco árboles, y los tres amén, y los salvadores gemelos.

17. Y los nueve guardianes, y los doce salvadores, y los que están en las regiones de los que pertenecen a la derecha, y los que están en el medio, todos permanecerán en la región y en el sitio en que fueron colocados.

18. Hasta que sean transportados afuera y el número de las almas admitidas a la luz haya sido cumplido.

19. Y los otros archones que pertenecen al medio permanecerán igualmente en sus lugares hasta que estas mismas cosas se hayan cumplido.

20. Y todas las almas llegarán en el tiempo en que cada una reciba su misterio.

21. Y serán transportadas hacia los archones que están en el medio y vendrán a las regiones de los que pertenecen al medio.

22. Y los que pertenecen al medio las bautizarán con la unción espiritual.

23. Y pasarán por las regiones de los que pertenecen al medio y pasarán a las regiones de los que están a la derecha.

24. Y a las regiones de los nueve guardianes y a las regiones de los salvadores gemelos.

25. Y a las regiones de los tres amén y de los doce salvadores.

26. Y a los cinco árboles, y a las siete voces, y cada uno le dará sus claves y sus misterios.

27. Y ellos vendrán a todas estas almas que llegan a las regiones de la luz a medida que vayan recibiendo los misterios de la luz y vayan tomando posesión de la luz.

XXXIII

María da el sentido perfecto de las revelaciones del Salvador

1. Y todas las almas humanas que reciban la luz llegarán a los archones que están en el medio.

2. Y llegarán a todos cuantos pertenecen a las regiones del medio.

3. Y a las regiones de cuantos pertenecen a la derecha.

4. Y a todos los que pertenecen a todas las regiones del tesoro de la luz y entrarán en todas.

5. Y llegarán a todos los que pertenecen a las regiones del primer mandato.

6. Para llegar en las posesiones de la luz hasta la región de su misterio.

7. Y para que cada uno permanezca en la región que ha recibido el misterio para él.

8. Tanto los que pertenecen a la región del medio, como los que pertenecen a la derecha, y como los que pertenecen a cualquiera de las regiones de la luz.

9. Y cada uno estará en la región y en el puesto en que ha sido situado desde el principio, hasta que todas las cosas sean consumadas.

10. Y hasta que cada uno haya cumplido la misión que se le ha destinado con respecto a la congregación de las almas que han recibido los misterios.

11. Y para que pongan su sello sobre todas las almas que han recibido los misterios y que han de pasar a los que comparten los tesoros de la luz.

12. Y esto es, María, lo que tan celosamente querías saber.

13. Que oiga quien tenga oídos para oír.

14. Y cuando Jesús hubo acabado de decir estas palabras, María Magdalena se adelantó y dijo: Señor, cuantas palabras has dicho han sido para mis oídos tesoros de luz.

15. Mas permite que te interrogue sobre lo que has dicho, Señor.

16. Porque has dicho que todas las almas de la raza de los hombres que reciban los misterios de la luz entrarán en el patrimonio de la luz ante todos los archones.

17. Y ante todos los que pertenecen a toda la región de la derecha y a todas las regiones del tesoro de la luz.

18. Mas tú nos has dicho siempre: Los primeros serán los últimos y los últimos serán los primeros.

19. Y los últimos son la raza de los hombres que entrarán primero en el reino de la luz, como aquellos que pertenecen a las regiones superiores y son los primeros.

20. Y tú nos has dicho, Señor: el que tenga oídos para oír que oiga.

21. Y eso significa que tú quieres saber si nosotros comprendemos las palabras que tú has dicho.

22. Y cuando María dejó de hablar, Jesús admiró lo que acababa de decir, porque daba el sentido perfecto de lo que él había revelado.

23. Y el Salvador contestó: Está bien, María.

24. Y tú has hablado con gran sabiduría, porque ésa es la explicación de mi discurso.

XXXIV

María y Juan dialogan con Jesús acerca de sus revelaciones

1. Y Jesús, continuando, dijo a sus discípulos: Oíd.

2. Porque voy a hablaros de la gloria de los que pertenecen a las alturas y cómo son, según os he hablado hasta aquí.

3. Cuando yo os conduzca a la región del último fundamento del tesoro de la luz, y cuando yo os conduzca a esas regiones para que veáis la gloria que allí hay, la región del patrimonio de la luz no estará más en vuestro pensamiento que la imagen de la del mundo.

4. Y esto, por la grandeza del último fundamento y de la gran luz que hay allí.

Los Evangelios Gnósticos

5. Y os hablaré de la gloria del compañero que está encima del compañero menor.

6. Y os hablaré de las regiones que están encima de los compañeros.

7. Nada hay en este mundo con lo que se las pueda comparar, ninguna semejanza que las pueda expresar, ninguna luz, ninguna fuerza que les pueda ser puesta en parangón.

8. Porque no hay medio de explicar en este mundo cómo son las cosas de que os hablo.

9. Y cuando Jesús cesó de hablar, María Magdalena se adelantó.

10. Y le dijo: Señor, no te incomodes contra mí, si yo quiero averiguarlo todo con interés y con celo.

11. Porque es con el fin de que mis hermanos lo anuncien a la raza de los hombres.

12. Y para que los hombres, oyéndolos y creyéndolos, se salven de los rigurosos tormentos que les harían sufrir los malvados archones.

13. Y para que los hombres lleguen al reino de los cielos.

14. Porque nosotros, Señor, no somos solamente misericordiosos para con nosotros mismos.

15. Sino que sentimos misericordia de toda la raza humana y no queremos que sufra tormentos crueles.

16. Y por eso, Señor, nos informamos de todas las cosas con ardor.

17. Para que nuestros hermanos las anuncien a toda la raza de los hombres.

18. Y para que no caigan en las manos de los crueles archones de las tinieblas.

19. Y para que sean preservados del sufrimiento de las tinieblas exteriores.

20. Y cuando Jesús hubo oído las palabras que dijo María, el Salvador manifestó por ella su gran misericordia.

21. Y dijo: Pregunta lo que quieras preguntar, y yo te lo revelará claramente, sin parábola.

22. Y cuando María escuchó las palabras del Salvador, sintió un vivo júbilo y dijo: Señor, ¿cuánto es más grande el segundo antepasado que el primero?

23. ¿Qué distancia los separa y cuánto es más grande su luz?

24. Y Jesús respondió así a María, entre sus discípulos: En verdad, en verdad, os digo que el segundo antepasado está alejado del primero una distancia tal que ninguna medida puede expresarla.

25. Ni según la altura y profundidad, ni según lo ancho y lo largo.

26. Y está alejado a una distancia inmensa, que ninguna medida puede expresar, de los ángeles, los arcángeles y los dioses.

27. Y la superioridad de su luz es tal que ninguna cifra puede computarla.

28. Y el tercero, y el cuarto y el quinto antepasado son, cada uno de ellos, tan superior al otro, que ninguna superioridad puede serles comparada para dar la medida.

29. Y cada uno posee respecto al otro una luz superior en un grado inexpresable.

30. Y cuando Jesús hubo dicho estas frases a sus discípulos, Juan habló a Jesús.

31. Y dijo: Señor y Salvador mío, permíteme que yo hable.

32. No te encolerices contra mí si te pregunto con interés y celo, porque has prometido revelarnos cuanto te preguntemos.

33. No nos ocultes nada, Señor, de las cosas que te preguntemos.

34. Y Jesús, en su gran misericordia, contestó a Juan.

35. Y le dijo: Tú también, querido Juan, eres bienaventurado.

36. Pregunta lo que quieras, y yo te contestará francamente y sin parábolas.

37. Y te instruiré en cuanto me preguntes con fervor y celo.

38. Y Juan dijo a Jesús: Señor, aquel que haya recibido el misterio ¿quedará en el lugar donde está, y no podrá ir a las otras regiones que están sobre él, ni descender a las demás regiones que hay bajo él?

XXXV

Jesús revela a sus discípulos quién es el conocedor de todos los misterios

1. Y Jesús, contestando, dijo a Juan: Mis queridos y buenos discípulos, vosotros os informáis de todo con fervor.

2. Escucha, Juan, lo que voy a decirte.

3. Todo el que reciba el misterio de la luz permanecerá en el lugar en que ha recibido el misterio.

4. Mas ninguno tendrá la facultad de elevarse a las regiones que están encima de él.

5. Y el que haya recibido el misterio en la primera disposición, tendrá la facultad de ir a los sitios que están bajo él, mas no a los que están encima.

6. Y el que haya recibido el misterio del primer misterio podrá ir a los lugares que están fuera del suyo, mas no a los que están sobre el suyo.

7. Y éstos serán los que hayan recibido los misterios superiores.

8. Y en verdad os digo que el hombre, que en la destrucción del mundo será rey sobre todos los órdenes de los pleromas, y aquel que recibirá el misterio del Inefable soy yo.

9. Él conoce el misterio en virtud del cual ha sido hecha la luz y han sido hechas las tinieblas.

10. Y Él conoce el misterio de la creación de las tinieblas de las tinieblas y de la luz de las luces.

11. Y conoce el misterio de la creación del caos y de la del tesoro de la luz.

12. Él conoce el misterio de la creación de la tierra de la luz.

13. Y conoce el misterio de la creación de los castigos reservados a los pecadores, y conoce el misterio de la regeneración del reino de la luz.

14. Y conoce el misterio de por qué los pecadores han sido creados y por qué han sido creados los dominios de la luz.

15. Y conoce el misterio de por qué han sido hechos los impíos y por qué han sido hechos los santos.

16. Y conoce el misterio de por qué se han hecho las penas para los malvados y por qué han sido hechas todas las emanaciones de la luz.

17. Y conoce el misterio de por qué ha sido hecho el pecado y de por qué han sido hechos los bautismos y los misterios de la luz.

18. Y conoce el misterio de por qué han sido hechos los juegos del castigo y los chorros de la luz.

19. Y conoce el misterio de por qué ha sido hecha la cólera y de por qué ha sido hecha la paz.

20. Y por qué ha sido hecha la blasfemia y por qué han sido hechos los himnos de la luz.

Pistis Sophia

21. Y conoce el misterio de por qué han sido hechas las similitudes de la luz.

22. Y conoce el misterio de por qué ha sido hecha la injuria y por qué ha sido hecha la bendición.

23. Y conoce el misterio de por qué ha sido hecha la maldad.

24. Y el misterio de por qué ha sido hecha la muerte y de por qué ha sido hecha la vivificación del alma.

25. Y conoce el misterio de por qué han sido hechos el adulterio y el engaño y de por qué ha sido hecha la pureza.

26. Y conoce el misterio por el que ha sido hecha la gratitud y por el que ha sido hecha la ingratitud.

27. Y conoce el misterio de por qué han sido hechos el orgullo y la soberbia y de por qué han sido hechas la humildad y la dulzura.

28. Y conoce el misterio de por qué ha sido hecho el llanto y por qué ha sido hecha la risa.

29. Y conoce el misterio de por qué ha sido hecha la maledicencia y por qué ha sido hecho el discurso provechoso.

30. Y conoce el misterio de por qué ha sido hecha la obediencia y por qué ha sido hecha la resistencia.

31. Y conoce el misterio de por qué ha sido hecha la murmuración y por qué han sido hechas la sencillez y la humildad.

32. Y conoce el misterio de por qué ha sido hecha la fuerza y de por qué ha sido hecha la debilidad.

33. Y conoce el misterio de por qué ha sido hecha la pobreza y de por qué ha sido hecha la opulencia.

34. Y conoce el misterio de por qué ha sido hecha la dominación y por qué ha sido hecha la esclavitud.

35. Y conoce el misterio de por qué ha sido hecha la muerte y de por qué ha sido hecha la vida.

XXXVI

Jesús sigue explicando a sus discípulos los misterios del Inefable

1. Y cuando Jesús hubo dicho estas palabras a sus discípulos, ellos quedaron muy gozosos de lo que les había comunicado.

2. Y Jesús siguió hablando, y les dijo: Queridos discípulos míos, escuchad lo que os digo del conocimiento completo de los misterios del Inefable.

3. El misterio del Inefable conoce por qué ha sido hecha la severidad y por qué ha sido hecha la misericordia.

4. Conoce por qué han sido hechos los reptiles y por qué deben ser destruidos.

5. Y conoce por qué han sido hechos los animales y por qué deben ser destruidos.

6. Y conoce por qué han sido hechos los rebaños y por qué han sido hechos los pájaros.

7. Y conoce por qué han sido hechas las montañas y por qué lo han sido las piedras preciosas que hay en ellas.

8. Y conoce por qué ha sido hecha la materia del oro y por qué ha sido hecha la materia de la plata.

9. Y por qué ha sido hecha la materia del aire y por qué ha sido hecha la materia del hierro.

10. Y por qué ha sido hecha la materia del plomo y por qué ha sido hecha la materia del vidrio y por qué ha sido hecha la materia de la cera.

11. Y conoce por qué han sido hechas las plantas y por qué han sido hechas sus materias.

12. Y conoce por qué han sido hechas las aguas de la tierra y todas las cosas que en ellas hay.

13. Y por qué la tierra misma ha sido hecha.

14. Y por qué han sido hechos los mares y por que han sido hechos los animales que habitan los mares.

15. Y conoce por qué ha sido hecha la materia del mundo y por qué debe ser destruida.

16. Y Jesús siguió hablando, y dijo a sus discípulos: Compañeros, discípulos y hermanos míos.

17. Recogeos cada uno en vuestro espíritu, para que obedezcáis a mi palabra y recojáis cuanto os voy a decir.

18. Porque a partir de ahora, continuaré hablándoos de todas las ciencias del Inefable.

19. Porque Él conoce el misterio de por qué ha sido hecho el oriente y por qué ha sido hecho el occidente.

20. Y conoce el misterio de por qué ha sido hecho el mediodía y por qué ha sido hecho el septentrión.

21. Y conoce el misterio de la creación de los demonios y de la creación del género de los hombres.

22. Y conoce el misterio de la creación del calor y de la creación de la brisa.

23. Y conoce el misterio de la creación de las estrellas y de la creación de las nubes.

24. Y conoce el misterio de por qué la tierra es profunda y de por qué las aguas vienen a su superficie.

25. Y conoce el misterio de por qué la tierra es árida y de por qué la lluvia cae sobre ella.

26. Y conoce el misterio de por qué ha sido hecha la sequía y por qué ha sido hecha la fertilidad.

27. Y conoce el misterio de por qué ha sido hecha la helada y por qué el rocío.

28. Y conoce el misterio de por qué ha sido hecho el polvo y de por qué ha sido hecho el frescor.

29. Y conoce el misterio de por qué ha sido hecho el granizo y de por qué ha sido hecha la nieve.

30. Y conoce el misterio de por qué se ha hecho la tempestad que se remonta y el viento que se calma.

31. Y conoce el misterio de por qué se ha hecho el ardor del calor y de por qué se han hecho las aguas.

32. Y conoce el misterio de la creación del viento del norte y del viento del sur.

33. Y conoce el misterio de la creación de las estrellas del cielo y de los astros, y de todas sus revoluciones.

34. Y conoce el misterio de la creación de los archones de las esferas, y de las esferas, y de todas sus regiones.

35. Y conoce el misterio de la creación de los archones de los eones y de la creación de los eones.

36. Y conoce el misterio de la creación de los archones que presiden los suplicios, y de la creación de los decanos.

37. Y conoce el misterio de los ángeles y de la creación de los arcángeles.

38. Y conoce el misterio de la creación de los señores y de la creación de los dioses.

39. Y conoce el misterio de la creación del odio y de la creación del amor.

40. Y conoce el misterio de la creación de la discordia y de la creación de la reconciliación.

41. Y conoce el misterio de por qué ha sido hecha la avaricia, y la renunciación a todo, y el amor.

42. Y conoce el misterio de por qué ha sido hecha la gula y de por qué ha sido hecha la saciedad.

43. Y conoce el misterio de por qué ha sido hecha la impiedad y por qué ha sido hecho el amor a Dios.

44. Y conoce el misterio de por qué han sido hechos los guardianes y por qué han sido hechos los salvadores.

45. Y conoce el misterio de por qué han sido hechas las tres potencias y por qué han sido hechos los invisibles.

46. Y conoce el misterio de por qué han sido hechos los antepasados y por qué han sido hechos los puros.

47. Y conoce el misterio de por qué han sido hechos los presuntuosos y por qué han sido hechos los fieles.

48. Y conoce el misterio de por qué ha sido hecho el gran triple poder y por qué ha sido hecho el gran antepasado de los invisibles.

49. Y conoce el misterio de por qué ha sido creado el decimotercer eón y por qué han sido creadas las regiones que pertenecen al medio.

50. Y conoce el misterio de por qué han sido hechos los ángeles del medio y las vírgenes de la luz.

51. Y conoce el misterio de por qué ha sido hecha la tierra de la luz y por qué ha sido creado el patrimonio de la luz.

52. Y conoce el misterio de por qué han sido creadas las regiones de los guardianes de los que están a la derecha y por qué han sido hechos sus jefes.

Pistis Sophia

53. Y conoce el misterio de por qué han sido hechas las puertas de la vida y de por qué ha sido hecho Sabaoth el bueno.

54. Y conoce el misterio de por qué ha sido hecha la región de los que están a la derecha y de por qué ha sido hecha la tierra de luz, que es el tesoro de la luz.

55. Y conoce el misterio de por qué han sido hechas las emanaciones de la luz y por qué han sido hechos los doce salvadores.

56. Y conoce el misterio de por qué han sido hechas las tres puertas del tesoro de la luz y por qué han sido creados los nueve guardianes.

57. Y Él conoce también el misterio relativo al por qué han sido creados los salvadores gerudos y por qué han sido hechos los tres amén.

58. Y conoce el misterio de cómo han sido hechos los cinco árboles, y cómo han sido hechos los siete amén.

59. Y conoce el misterio de cómo ha sido hecha la mezcla que no existía, y de cómo ha sido purificada.

XXXVII

Jesús contesta a una nueva observación de María Magdalena

1. Y dijo luego Jesús: Esforzaos todos vosotros en comprender.

2. Y procurad tener en vuestro interior la fuerza de luz precisa para someteros.

3. Porque desde ahora os hablaré de las regiones que habita la verdad del Inefable y de cómo son esos parajes.

4. Y al oír los discípulos estas palabras, quedaron silenciosos.

5. Y María Magdalena se adelantó y se prosternó a los pies de Jesús.

6. Y los adoró, llorando, y dijo: Ten piedad de mí, Señor.

7. Porque mis hermanos se han conturbado cuando has dicho que les ibas a dar conocimiento del misterio del Inefable, y por eso han guardado silencio.

8. Y Jesús tranquilizó a sus discípulos.

9. Y les dijo: No temáis no poder comprender los misterios del Inefable.

10. Porque os digo en verdad que este misterio está en vosotros y en todo el que os obedezca.

Pistis Sophia

11. Y en verdad os digo que, para todo el que se consagre a Dios y renuncie al mundo y a lo que en él se halla, este misterio es más sencillo que todos los misterios del reino de la luz, y más fácil de comprender que cualquiera de ellos.

12. Porque aquel que renuncie a este mundo y a sus afanes entrará en conocimiento de este misterio.

13. Y por eso os he dicho: Y quienquiera que sufra bajo las fatigas del mundo y trabaje bajo su peso que venga a mí y yo le daré el reposo.

14. Porque mi fardo es ligero y mi yugo suave.

15. No penséis, pues, que no habéis de comprender este misterio.

16. Porque en verdad os digo que la comprensión de este misterio es más sencilla que la comprensión de los otros misterios.

17. Y os digo que en verdad este misterio está en vosotros y en cuantos renuncien al mundo y a lo que en él se encierra.

18. Escuchadme, pues, discípulos, amigos y hermanos.

19. Porque os voy a conducir al conocimiento del misterio del Inefable.

20. Puesto que yo he venido para traeros el conocimiento completo de la emanación del universo.

21. Porque la emanación del universo es el conocimiento de este misterio.

22. Y cuando el número total de las almas justas se complete y el misterio se cumpla, yo pasaré mil años, según el cómputo de los años de la luz, reinando sobre los próbolos de la luz, y sobre el conjunto de las almas de los justos que hayan recibido todos los misterios.

XXXVIII

Jesús explica a sus discípulos el signo de los años de luz

1. Y cuando Jesús hubo acabado de decir estas frases a sus discípulos, María Magdalena se adelantó.

2. Y dijo: Señor, ¿cuántos años terrestres comprende un año de luz?

3. Y Jesús contestó y dijo a María: Los días de la luz son mil años del mundo de los hombres.

4. Y treinta y seis miríadas y media de años terrestres son un año de luz.

5. Y yo reinaré durante mil años de luz como rey en el último misterio.

6. Y seré rey sobre todos los próbolos de la luz y sobre todas las almas justas que hayan recibido los misterios de la luz.

7. Y vosotros, discípulos míos, así como cuantos hayan recibido el misterio del Inefable, estaréis a mi izquierda y a mi derecha.

8. Y seréis reyes, en mi reino, y cuantos hayan recibido los tres misterios de los cinco misterios del Inefable serán reyes con vosotros en el reino de la luz.

9. Y los que hayan recibido los misterios brillantes serán reyes en las regiones brillantes.

10. Y los que hayan recibido los misterios inferiores serán reyes en las regiones inferiores.

11. Y todos, según la categoría del misterio que hayan recibido.

XXXIX

Jesús explica a su auditorio el modo de alcanzar los misterios de la luz

1. Jesús prosiguió hablando.

2. Y dijo a sus discípulos: Cuando yo venga en la luz para predicar a todo el mundo, decidles: No dejéis noche ni día de buscar hasta que hayáis encontrado los misterios del reino de la luz.

3. Porque ellos os purificarán y os llevarán al reino de la luz.

4. Y decidles: Renunciad al mundo y a cuanto hay en él.

5. Y a todas sus sevicias, y a todos sus pecados, y a todas sus gulas.

6. Y a sus discursos todos, y a cuanto hay en él, para que seáis dignos de los misterios de la luz.

7. Y para que seáis preservados de los suplicios reservados a aquellos que se han separado de los buenos.

8. Y decidles: Renunciad a la murmuración, para que seáis preservados del ardor de la boca del can.

9. Y decidles: Renunciad a la obediencia, para que seáis librados del ardor de la boca del can.

10. Decidles: Renunciad al juramento, para que seáis dignos de los misterios de la luz.

11. Y para que seáis librados de los suplicios de Ariel.

12. Decidles: Renunciad a la lengua embustera, para que seáis dignos de los misterios de la luz.

13. Y para que seáis preservados de los ríos ardientes de la boca del can.

14. Decidles también: Renunciad a los falsos testigos, para que seáis dignos de los misterios de la luz.

15. Y para que seáis librados y preservados de los ríos ardientes de la boca del can.

16. Decidles: Renunciad al orgullo y a la vanidad, para que seáis dignos de los misterios de la luz.

17. Y para que seáis preservados de los abismos de fuego de Ariel.

18. Y decidles: Renunciad al amor propio, para que seáis dignos de los misterios de la luz.

19. Y para que seáis salvados de los suplicios del infierno.

20. Renunciad a la elocuencia, para que seáis dignos de la luz.

21. Y para que seáis preservados de las llamas del infierno.

22. Renunciad a los malos pensamientos, para que seáis dignos de los misterios de la luz.

23. Y para que se os preserve de los tormentos del infierno.

24. Renunciad a la avaricia, para que seáis dignos de los misterios de la luz.

25. Y para que se os libre de los arroyos de humo de la boca del can.

26. Renunciad al amor del mundo, para que seáis dignos de los misterios de la luz.

27. Y para que seáis salvados de las vestes de pez y de las llamas de la boca del can.

28. Renunciad a las rapiñas, para que seáis dignos de los misterios de la luz.

29. Y para que seáis preservados de los arroyos de Ariel.

30. Renunciad a las malas palabras, para que seáis dignos de los misterios de la luz.

31. Y para que seáis salvados de los suplicios del río de humo.

32. Renunciad al engaño, para que seáis dignos de los misterios de la luz.

33. Y para que seáis preservados de los mares de fuego de Ariel.

XL

Jesús continúa predicando a sus discípulos

1. Renunciad a la crueldad, para que seáis dignos del misterio de la luz.

2. Y para que seáis preservados de los suplicios de las fauces de los dragones.

3. Renunciad a la cólera, para que seáis dignos de los misterios de la luz.

4. Y para que seáis librados de los ríos de humo de las fauces de los dragones.

5. Renunciad a la desobediencia, para que seáis dignos de los misterios de la luz.

6. Y para que seáis preservados de Jaldabaôth y de los ardores del mar de fuego.

7. Renunciad a la cólera, para que seáis dignos del misterio de la luz.

8. Y para que seáis preservados de los demonios de Jaldabaôth y de todos sus suplicios.

9. Renunciad al adulterio, para que seáis dignos del misterio de la luz.

Pistis Sophia

10. Y para que seáis preservados del mar de azufre y de las fauces del león.

11. Renunciad a los homicidios, para que seáis dignos de los misterios de la luz.

12. Y para que seáis preservados del archón de los cocodrilos, que es la primera de las criaturas que están en las tinieblas exteriores.

13. Renunciad a las obras perversas e impías, para que seáis dignos del misterio de la luz.

14. Y para que seáis preservados de los archones de las tinieblas exteriores.

15. Renunciad a la impiedad, para que seáis dignos de los misterios de la luz.

16. Y para que seáis preservados del llanto y del rechinar de dientes.

17. Renunciad a los envenenamientos, para que seáis dignos de los misterios de la luz.

18. Y para que seáis salvados de la gran helada y el granizo de las tinieblas exteriores.

19. Renunciad a las blasfemias, para que seáis dignos de los misterios de la luz.

20. Y para que seáis defendidos contra el gran dragón de las tinieblas exteriores.

21. Renunciad a las malas doctrinas, para que seáis dignos de los misterios de la luz.

22. Y para que seáis preservados de todos los suplicios del gran dragón de las tinieblas exteriores.

23. Y decid a quienes predican y a quienes escuchan malas doctrinas: ¡Malhaya vosotros!

24. Porque si no os arrepentís de vuestra malicia, caeréis en los tormentos rigurosísimos del gran dragón y de las tinieblas exteriores.

25. Y nada en el mundo os rescatará hasta la eternidad.

26. Sino que seréis sin existencia hasta el fin.

27. Y decid a quienes descuidan la doctrina de la verdad del primer misterio: ¡Malhaya vosotros!

28. Porque los suplicios que habéis de experimentar superarán a los que experimenten los demás hombres.

29. Y permaneceréis entre la nieve, en medio de los dragones, en las tinieblas exteriores.

30. Y nada podrá rescataros hasta la eternidad.

31. Y decidles: Amad a todos los hombres.

32. Para que seáis dignos del misterio de la luz y para que os elevéis en el reino de la luz.

33. Sed dulces, para que podáis recibir el misterio de la luz y elevaros al misterio de la luz.

34. Asistid a los pobres y a los enfermos, para que os hagáis dignos de recibir el misterio de la luz y os podáis elevar al reino de la luz.

35. Amad a Dios, para recibir el misterio de la luz y llegar al reino de la luz.

36. Sed caritativos, para que recibáis el misterio y lleguéis al reino de la luz.

37. Sed santos, para recibir el misterio de la luz y elevaros al reino de la luz.

38. Renunciad a todo, para ser dignos del misterio de la luz y elevaros al reino de la luz.

39. Porque éstas son las vías de los que se hacen dignos del misterio de la luz.

40. Y cuando halléis hombres que renuncien a cuanto constituye el mal y practiquen lo que yo digo, transmitidles los misterios de la luz, sin ocultarles nada.

41. Y cuando fuesen pecadores, y cometiesen los pecados y faltas que os he enumerado, dadles también los misterios, para que se conviertan y hagan penitencia, y no les ocultéis nada.

42. Porque yo he traído los misterios a este mundo para remitir cuantos pecados han sido cometidos desde el principio.

44. Y por eso os he dicho que no he venido para llamar a los justos.

45. Yo he traído los misterios para remitir los pecados de todos, y para que todos sean llevados al reino de la luz.

46. Porque estos misterios son un don del primer misterio para borrar los pecados de todos los pecadores.

XLI

Palabras de Jesús sobre el perdón de los pecados

1. Y cuando Jesús hubo dicho estas palabras a sus discípulos, María le preguntó: Mi Señor y Salvador, ¿los hombres justos de toda justicia, y en quienes no hay ningún pecado, sufrirán o no los suplicios de que nos has hablado?

2. ¿Será este hombre admitido, o no, en el reino de los cielos?

3. Y el Salvador contestó a María: El hombre justo, del todo perfecto, limpio de pecado, y que no haya recibido ningún misterio de la luz, cuando llegue su hora y salga del mundo, será puesto en poder de los satélites de una gran triple potencia.

4. Y se apoderarán de su alma, y durante tres días recorrerán con ella el mundo, y el tercero la llevarán al caos, para conducirla al lugar de todos los suplicios.

5. Y Juan se adelantó y dijo: Señor, si un consumado pecador renuncia a todo por el reino de los cielos, y renuncia a todo pecado, y sabemos que ama a Dios, y le damos los misterios, y recae en sus pecados, y vuelve a hacer penitencia, ¿es tu voluntad que le remitamos siete veces sus faltas y le demos siete veces los misterios del primer orden?

6. Y el Señor contestó a Juan: En verdad os digo que no siete veces, sino que le remitáis sus pecados muchas veces siete veces, dándole todas ellas los misterios desde el comienzo hasta lo extremo de lo exterior.

Pistis Sophia

7. Porque así podréis ganar el alma de nuestro hermano y darle posesión del reino de la luz.

8. Y cuando me habéis interrogado diciendo si podéis perdonar los pecados hasta siete veces, yo os he respondido en parábola.

9. Y os he dicho. Perdonadle los pecados no siete veces, sino setenta y siete veces.

10. Perdonadle, pues, muchas veces, para que reciba otras tantas los misterios y pueda salvarse el alma de ese hermano.

11. Porque en verdad os digo que el que haya vivificado un alma la conservará para su luz en el reino de la luz.

12. Y recibirá más gloria por el alma que haya salvado, y quien haya salvado muchas almas haciéndoles entrar en la gloria de su gloria tendrá tanta más gloria cuantas más almas haya salvado.

13. Y cuando el Salvador habló así, Juan le preguntó: Y si mi hermano, que es un gran pecador, renuncia al mundo y a sus vanidades, ¿cómo sabremos que no es hipócrita?

14. ¿Y cómo sabremos que es sincero para conocer si le podemos dar los misterios de segunda y tercera categoría, y si podemos darle todos los misterios para que participe del reino de la luz?

15. Y el Salvador contestó a Juan, rodeado de todos sus discípulos.

16. Y le dijo: Si conocéis de un modo seguro que ese hombre ha renunciado al mundo y a sus pecados, y que no

es mentiroso ni hipócrita, y que ama sinceramente a Dios, no le ocultéis los misterios y hacedlo conocer los de segundo y tercer grado.

17. Hacedlo participar de los misterios de los que lo creáis digno, y cuando le hayáis comunicado los misterios del grado tercero y segundo, si recae en el pecado, no continuéis comunicándoselos.

18. Porque os digo en verdad que el hombre que haya recibido estos misterios y peque sufrirá una sanción rigurosa.

19. Porque será objeto de escándalo y no habrá para él desde entonces redención de su alma en este mundo.

20. Sino que su morada estará en la puerta de los dragones, en las tinieblas exteriores, allí donde es el llorar y el rechinar de dientes.

21. Y en la destrucción del mundo, su alma será atormentada por un hielo frigidísimo y un ardor cruel.

22. Y permanecerá sin existencia hasta la eternidad.

23. Mas si este hombre se convierte de nuevo y renuncia al mundo y a sus pecados, y tiene gran arrepentimiento y penitencia, la misericordia se tenderá sobre él.

24. Y su penitencia le será admitida en remisión de sus pecados.

25. Para que consiga el misterio del primer misterio y hasta el misterio del Inefable.

26. Y verá sus pecados remitidos, porque estos misterios son piadosos y perdonan el pecado en toda hora.

XLII

Jesús expone a sus discípulos el modo de comunicar los misterios y de retirar su conocimiento a los que de ellos no son dignos

1. Y Juan, cuando hubo hablado así el Salvador, continuó interrogándolo.

2. Y le dijo: Señor, no te incomodes contra mí por mi celo.

3. Mas yo quiero saber cómo hemos de obrar con los hombres de este mundo.

4. Y el Salvador repuso a Juan: Pregunta lo que quieras, y yo te contestaré claramente y sin parábolas.

5. Y dijo Juan: Cuando entremos en una ciudad o aldea para predicar y sus vecinos vengan a nosotros, nosotros no sabremos si vienen con falacia o hipocresía.

6. Y si nos llevan a sus casas y desean recibir a Dios y conocer sus misterios, ¿qué haremos si averiguamos que no han hecho nada digno de los misterios, o que se comportan pérfidamente con nosotros?

7. Y el Salvador dijo contestando a Juan: Si entráis en una ciudad o en una aldea, y os conducen a alguna casa, reveladles los misterios.

8. Y si son dignos de ellos, ganaréis sus almas para el reino de la luz.

9. Y si no lo son, u obrasen pérfidamente con vosotros, elevad la voz hacia el primer misterio.

10. Y decid: Nosotros hemos revelado el misterio a almas impías y pérfidas.

11. Vuelve el misterio a nosotros, y prívalas hasta la eternidad del misterio de tu reino.

12. Y sacudid el polvo de vuestros pies, y decid: Que vuestras almas se sumerjan en el polvo de vuestra casa.

13. Y os digo en verdad que los misterios que les hubieseis dado volverán a vosotros.

14. Y cuantos misterios y palabras les comunicaseis antes les serán quitados.

15. Porque ya os hablé en parábola de hombres así.

16. Cuando os dije: Dondequiera que vayáis y se os reciba, decid: La paz sea con vosotros.

17. Y si ellos son dignos de la paz, la paz será con ellos y, si no, volverá sobre vosotros.

18. Y si les dieseis los misterios del reino de la luz y ellos obrasen falsamente con vosotros, efectuad el primer misterio del primer misterio, y los misterios que les hubieseis transmitido volverán a vosotros.

19. Y ellos quedarán privados del tesoro de la luz hasta la eternidad.

20. Y os digo en verdad que su morada será en la puerta de los dragones de las tinieblas externas.

Pistis Sophia

21. Mas si hacen penitencia, y renuncian al mundo, y a su materia, y a sus pecados, y se someten a los misterios de la luz, sus pecados les serán remitidos.

22. Porque los oirá el misterio único del Inefable, que tiene piedad de todos y perdona los pecados de todos.

XLIII

Jesús contesta a las preguntas de sus discípulos sobre la distinción entre justos y pecadores

1. Y cuando Jesús acabó de decir estas frases a sus discípulos, María se prosternó a los pies de Jesús.

2. Y los abrazó y le dijo: Señor, perdóname y no te irrites si te incomodo.

3. Y el Salvador contestó a María: Pregunta lo que quieras preguntar.

4. Porque yo te lo revelaré claramente.

5. Y María dijo: Señor: si un hermano es santo y bueno y ha recibido todos los misterios, y tiene un hermano pecador e impío, y éste sale del mundo y el hermano bueno se aflige de que su hermano esté en el lugar de los tormentos y los suplicios, ¿qué haremos, Señor, hasta que sea retirado del lugar de las torturas?

6. Y el Salvador dijo: Ya os he hablado de lo que debéis hacer.

7. Mas escuchad y os lo diré de nuevo, para que seáis perfectos en todos los misterios y los hombres os llamen perfectos en todo.

8. Cuando queráis que un hombre, pecador o no, salga de los suplicios terribles, y que sea transportado a un cuerpo justo para que reciba el misterio de la divinidad y se eleve a las regiones superiores para participar en el reino de la luz, practicad el tercer misterio del Inefable.

9. Y decid: Toma el alma de ese hombre en el que nuestro espíritu piensa.

10. Y sácala de los suplicios de los archones y elévala con presteza al templo de la luz.

11. Y en el templo de la luz, márcala de un sello brillante y ponla en un cuerpo justo y bueno, para que se eleve a las regiones superiores y participe del reino de la luz.

12. Y os digo en verdad que, cuando así hayáis dicho, los espíritus que presiden los suplicios en las regiones de los archones se contendrán.

13. Y transmitirán su alma al templo de la luz para que sea marcada con los signos del reino del Inefable.

14. Y la entregarán a sus satélites, y la conducirán al cuerpo de un justo.

15. Y hallará los misterios de la luz, para que sea buena, y se eleve a las regiones superiores y participe del reino de la luz.

16. Y ésta es la contestación a lo que me habéis preguntado.

XLIV

Jesús promete a todos los hombres la resurrección de entre los muertos

1. Y María contestó al Salvador, y le dijo: Señor: tú no has traído los misterios a este mundo para que el hombre no sufriese la muerte que le tienen predestinada los archones de la Heimarméné.

2. Porque si un hombre ha sido destinado a morir por el hierro, o en el agua, o por las calamidades del mundo, o de cualquier forma violenta, tú no has traído los misterios para evitar que el hombre muera así, sino de una muerte súbita, sin el dolor de su género de muerte.

3. Puesto que muchos nos perseguirán por ser tus discípulos y nos atormentarán por ti.

4. Y, si nos maltratan y afligen, ¿hemos de ejercer los misterios para salir de nuestro cuerpo sin experimentar ningún dolor?

5. Y el Salvador, en respuesta, dijo a todos sus discípulos: Ya os he hablado antes de esto que me preguntáis, mas os lo diré otra vez.

6. No sólo vosotros, mas todo hombre que cumpla el primer misterio del primer misterio del Inefable, recorrerá todas las regiones y todas sus estaciones.

7. Y cuando haya cumplido ese misterio y recorrido todas las regiones, será preservado de todas las cosas que le hayan destinado los archones de la Heimarméné.

8. Y saldrá del cuerpo de la materia de los archones y todas las regiones de la luz, hasta que llegue a las regiones del reino de la luz.

12. Sino por todas estas cosas, para que cuando lleguemos a las tierras de los hombres y no tengan fe en nosotros, y no escuchen nuestras palabras, practiquemos el misterio para que ellos conozcan la verdad y sepan las palabras del universo.

13. Y el Salvador contestó a María entre sus discípulos: Ya os he hablado sobre todas las cosas que me preguntáis.

14. Mas yo os repetiré mis palabras.

15. Escucha, María: Te digo en verdad que no sólo vosotros, sino todos los hombres pueden cumplir el misterio de la resurrección de entre los muertos.

16. Para curarse de la posesión de los demonios y de toda aflicción y enfermedad.

17. Y para curar a los cojos, y a los mutilados, y a los mudos, y a los paralíticos.

18. Porque os he dicho antes que era preciso practicar el misterio para poder cumplir estas cosas.

19. Y vosotros obtendréis la pobreza y la opulencia, la salud y la enfermedad, la debilidad o el vigor, si la pedís.

20. E igualmente podréis sanar a los enfermos y resucitar a los muertos, y curar a los cojos y ciegos y mudos, y toda enfermedad o aflicción.

Pistis Sophia

21. Porque a quien haya ejercido el misterio todas las cosas le serán concedidas.

XLV

Jesús sigue instruyendo a sus discípulos

1. Y cuando el Salvador hubo dicho estas cosas, todos los discípulos lanzaron gritos, diciendo: Señor, tú nos has herido de locura con las cosas que nos has dicho.

2. Y nuestras almas quieren salir de nosotros para ir a ti, ya que nosotros venimos de ti.

3. Nuestras almas han quedado como sin sentido por las cosas que nos has dicho.

4. Y nos atormentan grandemente, porque quieren salir de nosotros para ir a las regiones superiores que son tu reino.

5. Y cuando los discípulos hablaron así, el Salvador prosiguió dirigiéndose a ellos y les dijo: Cuando lleguéis a ciudades o países, saludad a los habitantes.

6. Y decidles así: Buscad siempre sin cesar, hasta que halléis los misterios de la luz, que os conducirán al reino de la luz.

7. Y decidles: Guardaos de las doctrinas oscuras.

8. Porque muchos irán en mi nombre diciendo: Yo soy y no soy, y así engañarán a muchos hombres.

9. Y para que todos los hombres que se acerquen a vosotros tengan fe y sean dignos del misterio de la luz, dadles los misterios de la luz.

10. Y no les ocultáis nada, y al que sea digno del misterio máximo, dádselo, y al que sea digno del misterio menor, dádselo también.

11. Mas el misterio de la resurrección de los muertos y de la curación de los enfermos, no se los deis a todos.

12. Sino dad la doctrina, porque ese misterio pertenece a los archones

13. No lo deis, pues, a todos, hasta que hayáis consolidado la fe en todo el mundo.

14. Para que cuando lleguéis a una ciudad y no tengan fe en vosotros, resucitéis a los muertos y curéis a los ciegos y a los cojos, y todas las enfermedades, para que crean en vosotros cuando prediquéis al Dios del Universo.

15. Y por eso os he dado ese misterio, hasta que consolidéis la fe en todo el mundo.

XLVI

Jesús describe a sus discípulos las tinieblas exteriores

1. Y María siguió hablando a Jesús.

2. Y le dijo: Señor, ¿cómo son las tinieblas exteriores?

3. ¿Y cuántos son los lugares de tormento que contienen?

4. Y Jesús contestó: Las tinieblas exteriores son un gran dragón.

5. Y su cola está dentro de su garganta, y está fuera del mundo, y lo rodea.

6. Y contiene gran número de lugares de tortura, que están comprendidos en doce divisiones, consagradas a terribles suplicios.

7. Y cada una de esas divisiones es un archón, y las figuras de estos archones son distintas, y se transforman adoptando diversas figuras.

8. Y el primer archón preside la primera división y tiene forma de cocodrilo.

9. Y su cola entra en su garganta, y de su boca salen el hielo, la peste, el frío de la fiebre y toda clase de enfermedades.

10. Y el verdadero nombre que tiene en el lugar que habita es Enchtonin.

11. Y el archón de la segunda división tiene forma de perro y se llama en el sitio que habita Xhurakhar.

12. Y el archón de la tercera división tiene forma de gato y se llama en el sitio que habita Arkharôth.

13. Y el archón de la cuarta división tiene aspecto de serpiente y se llama en donde reside Akrôkar.

14. Y el archón de la quinta división tiene forma de un ternero negro y se llama Markhour.

15. Y el de la sexta división se llama Lamkhamôr.

16. Y el archón de la séptima división tiene figura de oso, y se llama Lokhar.

17. Y el de la octava división tiene forma de murciélago y se llama Lavaokh.

18. Y el archón de la novena división tiene figura de basilisco y se denomina Arkheôkh.

19. Y en la décima división hay gran número de dragones, que tiene cada uno siete cabezas, y su jefe se llama Xarnarôkh.

20. Y en la oncena división hay también muchos dragones, que tienen cada uno siete cabezas de gato, y su jefe es un archón que se llama Rokhar.

21. Y en la duodécima división hay muchos más archones que en las otras, y cada uno tiene siete cabezas de perro. Y su jefe se llama Khrêmaôr.

22. Y éstos son los archones de las doce divisiones que hay en el gran dragón, que constituye las tinieblas exteriores.

23. Y cada uno cambia de nombre y de figura de hora en hora.

24. Y cada división tiene una puerta, que se abre hacia arriba, y el dragón de las doce tinieblas exteriores, que se compone de doce divisiones, se convierte en rey de cada una cada vez que se abre hacia arriba.

25. Y un ángel de las regiones superiores vigila sobre la puerta de cada una de estas doce divisiones.

26. Y ha sido colocado allí por el eón el primer hombre, el guardián de la luz, para que el dragón y todos los archones permanezcan en los lugares que les han sido asignados.

XLVII

Jesús explica a sus discípulos los tormentos del gran dragón de las tinieblas exteriores

1. Y cuando el Salvador hubo hablado así, María Magdalena le dijo: Señor, ¿las almas conducidas a esos lugares han de pasar por esas doce puertas para sufrir los tormentos que merecen?

2. Y el Salvador contestó a María: Ningún alma es conducida hacia el dragón por esas puertas, no siendo las almas de los blasfemos y de los que siguen una doctrina falsa.

3. Y de los que enseñan a mentir, y las de los que pecan contra natura, y las de los hombres manchados de vicios y enemigos de Dios.

4. Y las de todos los impíos, adúlteros y envenenadores.

5. Porque todas las almas de esos pecadores, si no han hecho penitencia en este mundo, y han persistido en su pecado, cuando se cumpla su hora, serán conducidas por la puerta de la cola del dragón a las tinieblas exteriores.

6. Y cuando hayan sido llevadas a las tinieblas exteriores por la puerta de su cola, colocará la cola en su boca, para cerrar la puerta.

7. Y de este modo serán llevadas las almas a las tinieblas exteriores.

8. Y los doce nombres del dragón están escritos en las puertas de las distintas divisiones.

9. Y estos nombres son diferentes, y alternan entre ellos para que quien diga un nombre diga los doce.

10. Y éstas son las tinieblas exteriores, que son las mismas que las del dragón.

11. Y cuando el Salvador hubo hablado, María le replicó: Señor, ¿son más terribles los tormentos del dragón que todos los demás que existen?

12. Y el Salvador contestó a María: Esos tormentos son los mayores que existen.

13. Mas las almas que vayan a esos lugares serán atormentadas también por un frío riguroso y un fuego violentísimo.

14. Y dijo María: ¡Desventuradas almas de los pecadores!

15. Mas dinos, Señor, ¿qué fuego es más violento, el del infierno o el del mundo?

16. Y el Salvador contestó a María: En verdad te digo que el fuego del infierno es nueve veces más ardiente que el fuego del mundo.

17. Y el fuego de los suplicios del gran caos es nueve veces más ardiente que el del infierno.

18. Y el fuego del tormento de los archones en el camino del medio es nueve veces más ardiente que el de los suplicios del gran caos.

19. Y el fuego del dragón de las tinieblas exteriores y de los lugares de castigo que hay en él es siete veces más terrible que el fuego de los tormentos de los archones del medio.

XLVIII

Diálogo entre María y Salomé

1. Y luego que el Salvador hubo dicho esto a María, ella se hirió el pecho y lloró.

2. Y lloraron también todos los discípulos y decían: ¡Desgraciados los pecadores!

3. Porque su castigo es muy grande.

4. Y Salomé se levantó y dijo: Señor, tú nos has dicho: Quien no deje a su padre y a su madre para seguirme no es digno de mí.

5. Y nos has dicho después: Abandonad a vuestros padres para que yo os haga hijos del primer misterio hasta la eternidad.

6. Mas, Señor, está escrito en la ley de Moisés que el que abandone a sus padres debe morir.

7. ¿Es, pues, contrario a la ley lo que tú nos enseñas?

8. Y cuando Salomé hubo dicho estas palabras, María Magdalena, inspirada por la fuerza de luz que había en ella, dijo al Salvador:

9. Señor, permíteme que hable a mi hermana Salomé para explicarle tus palabras.

10. Y el Salvador contestó a María: Yo te permito, María, explicar mis palabras a Salomé.

11. Y cuando el Salvador habló así, María fue hacia Salomé.

12. Y le dijo: Hermana Salomé, tú has citado la ley de Moisés, que dice que debe morir quien abandona a sus padres.

13. Mas la ley se refiere a los cuerpos y no al alma.

14. Y la ley no se refiere a los hijos de los archones, sino que lo dice de la fuerza salida del Salvador y que está hoy en nosotros.

15. Y dice la ley: Quien esté fuera del Salvador y de sus misterios morirá de muerte y perecerá en su maldad.

16. Y cuando María habló así, Salomé se volvió a María.

17. Y dijo Salomé: La potencia del Salvador basta para igualarme a ti en inteligencia.

18. Y ocurrió que cuando el Salvador oyó las palabras de María la felicitó grandemente.

XLIX

Jesús habla a sus discípulos sobre el modo de elegir entre las doctrinas verdaderas y las falsas

1. Y el Salvador siguió hablando entre sus discípulos.

2. Y dijo a María: Escucha, María, cuál es el estado del hombre hasta que comete un pecado.

3. Los archones de las potencias perversas combaten contra el alma constantemente.

4. Y la hacen cometer todos los pecados.

5. Y llaman al enemigo del alma y le dicen: Si el alma sale otra vez del cuerpo, no la perdones.

6. Mas condúcela a todos los lugares de tortura, pues que ha incurrido en todos los pecados que tú la has hecho cometer.

7. Y cuando Jesús habló así, María le dijo: Señor, ¿cómo sabrán los hombres que buscan la luz si las doctrinas que encuentran son engañadoras o no?

8. Y contestó el Salvador: Ya os lo he dicho.

9. Sed como buenos cambistas. Aceptad la buena moneda y rechazad la falsa.

10. Y decid a los hombres que buscan a Dios: Si sopla el aquilón, ya sabéis que es frío lo que se sentirá.

11. Y si sopla el viento oeste, ya sabéis que vendrán el calor y la sequía.

12. Decid, pues, a esos hombres justos: Si conocéis los signos de los vientos, conoceréis también si las palabras que halléis buscando a Dios concuerdan y armonizan con las que yo os he dicho, desde los dos martirios al tercer testimonio.

13. Y las que concuerden en la constitución del cielo, y del aire, y de la tierra, y de los astros.

14. Y en todas las cosas que la tierra contiene, y en las aguas, y en las cosas que contienen las aguas.

15. Y en la constitución de los cielos, y de los astros, y de los círculos, y de cuanto se encierra en el mundo.

16. Y los que vengan hacia vuestras palabras verán que concuerdan con cuantas os he dicho.

17. Y yo recibiré a los que nos pertenecen.

18. Y esto es lo que diréis a los hombres para que se defiendan de las falsas doctrinas.

19. Porque yo he venido al mundo para redimir a los pecadores de sus pecados.

20. Y no por los hombres que no han hecho mal ni pecado ninguno.

21. Y que encontrarán los misterios que yo he querido que fuesen consignados en el libro de Jeü.

22. Para que Enoch escribiese en el paraíso, cuando yo le hablaba del árbol de la ciencia y del árbol de la vida.

23. Y he querido que él los pusiese en la piedra de Ararad.

24. Y he puesto el archón Calapaturoth que está sobre el Skemmuth, donde está el pie de Jeü.

25. Y rodea todos los archones y las Heimarménés.

26. Y he puesto a este archón para que guarde los libros de Jeü, para impedir que nadie los destruya.

27. Y para que ninguno de los archones envidiosos destruya los que yo os daré y en los que os diré la emanación del universo.

L

María interroga a Jesús sobre el destino de las almas antes de venir él al mundo

1. Cuando el Salvador hubo hablado así, María le preguntó:

2. Señor, ¿qué hombre hay en el mundo que esté limpio de todo pecado?

3. Porque si ha evitado una falta, caerá en otra, y no podrá encontrar los misterios en el libro de Jeü.

4. Y no habrá en el mundo hombre del todo exento de pecado.

5. Y el Salvador contestó a María: Encontraréis uno entre mil, y dos entre diez mil, por la consumación del misterio del primer misterio.

6. Y por esto yo he traído los misterios, porque todos en el mundo están bajo el pecado y necesitan del don de los misterios.

7. Y María dijo al Salvador: Señor, ¿antes que tú vinieses a la región de los archones y al mundo, no había llegado ningún alma a la luz?

8. Y el Salvador contestó a María: En verdad, en verdad os digo que antes que yo viniese ningún alma había llegado a la luz.

9. Y ahora que yo he venido, he abierto los caminos de la luz, y los que sean dignos de los misterios recibirán el misterio para llegar a la luz.

10. Y María dijo: Señor, yo creía que los profetas habían alcanzado la luz.

11. Y el Señor respondió a María: En verdad, en verdad te digo que ninguno de los profetas ha llegado a la luz.

12. Sino que los archones de los eones les han hablado desde el círculo de los eones, y les han dado los misterios de los eones.

13. Y cuando he venido a las regiones de los eones, he tomado a Elías y lo he enviado al cuerpo de Juan el Bautista.

14. Y he enviado a otros a cuerpos justos, para que encuentren los misterios de la luz, y se eleven a las

regiones superiores y entren en posesión del reino de la luz.

15. Y he remitido a Abraham, y a Isaac, y a Jacob, todas sus faltas.

16. Y les he dado los misterios de la luz en el círculo de los eones.

17. Y los he puesto en las regiones de Jabraoth y de todos los archones que pertenecen al medio.

18. Y cuando me eleve, recogeré sus almas y las llevaré conmigo a la luz.

19. Porque en verdad te digo, María, que ningún alma entrará en la luz antes que la tuya y la de tus hermanos.

20. Y los demás mártires y justos, desde Adán hasta ahora.

21. Y cuando yo vaya a las regiones de los eones, las colocará en los cuerpos de los justos por nacer.

22. Para que encuentren todos los misterios de la luz y entren en posesión del reino de la luz.

23. Y dijo María: Nosotros somos dichosos entre todos los hombres por las grandes cosas que nos has revelado.

24. Y el Salvador dijo a María y a todos sus discípulos: Yo os revelaré todos los secretos, desde lo profundo de las cosas interiores hasta lo más exterior de las cosas exteriores.

25. Y María dijo al Salvador: Señor, nosotros creemos sinceramente que tú has traído las llaves de todos los

misterios del reino de la luz, que remiten los pecados de las almas.

26. Para que las almas se purifiquen y, al hacerse dignas de la luz, sean llevadas a la luz.

LI

Invocaciones de Jesús y su elevación en el espacio

1. Cuando Nuestro Señor fue crucificado, resucitó de entre los muertos al tercer día.

2. Y sus discípulos, reunidos en torno suyo, clamaban a él.

3. Y le decían: Señor, ten piedad de nosotros, que hemos abandonado a nuestros padres y renunciado al mundo, para seguirte.

4. Y Jesús, sentado con sus discípulos junto al mar océano, elevó una plegaria.

5. Y dijo: Escuchadme, Padre mío, de toda paternidad y de la infinita luz:

6. Aeion, ao, aoi, ôiaprinother, thernops, nopsither, zagoyrê, zagoyrê, nethmomaoth, nepriomaoth, marachachta, thobarrabai, tharnachachan, zorokothova, Jean, sabaoth.

7. Y cuando Jesús decía estas palabras, Tomás, Andrés, Jacobo y Simeón el cananeo estaban a occidente, con los rostros vueltos hacia oriente.

8. Y Felipe y Bartolomé estaban al sur, con los rostros vueltos hacia el septentrión.

9. Y los otros discípulos y las mujeres estaban detrás de Jesús.

10. Y Jesús estaba en pie junto al altar.

11. Y todos sus discípulos se cubrían con túnicas de lino.

12. Y Jesús se volvió hacia los cuatro puntos cardinales.

13. Y dijo: Jaô, iaô, iaô.

14. Esta es la significación de este nombre: la iota significa que el universo ha sido emanado.

15. Y el alfa que volverá adonde ha salido, y omega que ése será el fin de los fines.

16. Y cuando hubo pronunciado estas palabras, dijo: Japhta, japhta, moinmaêr, moinaêr, ermanoier, ermanoieier.

17. Y esto significa: Padre de toda paternidad y del infinito, tú me oirás, por los discípulos que he traído ante ti.

18. Porque ellos han creído las palabras de tu verdad.

19. Y tú harás las cosas por las que he clamado, porque yo conozco el nombre del padre del tesoro de la luz.

Pistis Sophia

20. Y Jesús clamó de nuevo y pronunció el nombre del padre del tesoro de la luz.

21. Y dijo: Que todos los misterios de los archones, y de los ángeles y arcángeles, y todas las fuerzas y todas las cosas de los dioses invisibles las lleven arriba, para situarlas a la derecha.

22. Y los cielos giraron hacia occidente, y los eones, y la esfera, y todos sus archones huyeron hacia occidente, a la izquierda del disco del sol y del disco de la luna.

23. Y el disco del sol era un gran dragón y su cola estaba en su boca.

24. Y montó en las siete potencias de la izquierda e iba arrastrado por cuatro potencias bajo figura de caballos blancos.

25. Y la base de la luna tenía la figura de una barca arrastrada por los bueyes blancos, uncidos, y dirigidos por un dragón macho y por un dragón hembra.

26. Y una figura de niño dirigía desde la popa a los dragones, y éstos quitaban la luz a los archones, y la figura de un gato estaba ante él.

27. Y el mundo, y las montañas, y los mares corrían hacia occidente.

28. Y Jesús y sus discípulos estaban en las regiones del aire, en los caminos del medio, que está encima de la esfera. Y llegaron a la primera división, que está en el medio, y Jesús estaba en pie en el aire, con sus discípulos.

29. Y los discípulos le preguntaron: ¿Dónde estamos?

30. Y Jesús les respondió: En el camino del medio.

31. Porque cuando los archones de Adán se sublevaron, se entregaron entre sí a acciones reprobables.

32. Y procrearon archones, y ángeles, y arcángeles, y decanos.

33. Y Jeû, el padre de mi padre, salió de la derecha, y los encadené en una Heimarméné de la esfera.

34. Y había allí doce eones y Jabaoth, además, estaba encima de seis.

35. Y Jabraoth, su hermano, estaba sobre otros seis.

LII

Jesús sigue explicando a sus discípulos los hechos sucedidos en las regiones de los archones

1. Y Jabraoth, con sus archones, tuvo fe en los misterios de la luz.

2. Y obró según los misterios de la luz y dejó los lazos de la unión culpable.

3. Mas Sabaoth Adamas, con sus archones, continuó practicando la unión culpable.

4. Y viendo Jeû, el padre de mi padre, que Jabraoth y sus archones tenían fe, los elevó.

Pistis Sophia

5. Y los recibió en la esfera, y los condujo en el aire puro, ante la luz del sol, en las regiones de los que pertenecen al medio, y ante el invisible de Dios.

6. Y a Sabaoth Adamas y a sus archones, que no tenían fe en los misterios de la luz y seguían en las obras de la unión culpable, los encadenó en la esfera.

7. Y encadenó mil ochocientos archones, y coló trescientos sesenta sobre ellos.

8. Y colocó cinco grandes archones sobre los trescientos sesenta archones y sobre todos los archones encadenados.

9. Y estos cinco archones se llaman así en el mundo: el primero, Cronos; el segundo, Aries; el tercero, Hermes; el cuarto, Afrodita, y el quinto, Dios.

10. Y Jesús siguió hablando y dijo: Escuchad y os contaré sus misterios.

11. Cuando Jeû los hubo encadenado, sacó una gran potencia del gran Invisible y la ligó al llamado Cronos.

12. Y a Aries le ligó una potencia que sacó de Ipsantachoinchainchoicheôch, que es uno de los tres dioses triples poderes.

13. Y sacó una potencia de Xaïnchôâôch, que es uno de los tres dioses triples poderes, y la ligó en Hermes.

14. Y sacó una potencia de la Sabiduría fiel, hija de Barbelos, y la ligó sobre Afrodita.

15. Y pensando que necesitaban un gobernante para dirigir al mundo y a los eones de la esfera, para que su malicia no perdiese el mundo, subió hacia el medio y tomó la potencia del menor Sabaoth, el bueno, que pertenece al medio.

16. Y la ligó en Aries, para que su bondad lo dirigiese.

17. Y dispuso el orden de su marcha de modo que pasase trece veces en cada estación, para que cada archón al que llegase no pudiese ejercer la malicia.

18. Y le dio por compañeros dos eones de la región a la que pertenecía Hermes.

19. Y ahora escuchad que os diga cuáles son los verdaderos nombres de estos cinco archones.

20. Orimoith es Cronos, Moinichoiaphor es Aries, Tarpetanoiph es Hermes, Chôsi es Afrodita y Chômbal es Dios. Y éstos son sus nombres.

LIII

Jesús promete otra vez a sus discípulos el conocimiento de todos los misterios

1. Y cuando los discípulos oyeron estas palabras, se prosternaron ante Jesús.

2. Y lo adoraron y dijeron: Somos dichosos.

3. Porque nos has revelado tantas maravillas, que estamos por encima de todos los hombres.

4. Y continuaron rogándole y le dijeron: Revélanos para qué son estos diversos caminos.

5. Y María vino hacia él y le besó los pies.

6. Y dijo: Señor, ¿cuáles son los secretos de los caminos del medio?

7. Porque tú nos has dicho que están situados sobre grandes tormentas.

8. ¿Cómo están ordenadas y cómo hemos de librarnos de ellas?

9. ¿Y cómo se apoderan de las almas y qué tiempo pasan las almas en sus tormentos?

10. Ten piedad de nosotros, Señor y Salvador nuestro.

11. Porque nosotros tememos que los señores de estos caminos se apoderen de nuestras almas y las sometan a terribles tormentos y nos priven de la luz de tu Padre.

12. No permitas que caigamos en la desgracia de ser alejados de ti.

13. Y cuando María hubo hablado así, llorando, Jesús, por su gran misericordia, le contestó:

14. Y le dijo: Regocijaos, hermanos amados, que habéis abandonado a vuestros padres por mi nombre.

15. Porque yo os daré todo conocimiento y os revelaré todos los misterios.

16. Y os mostraré los misterios de los doce archones de los eones, y de sus funciones y de sus categorías.

17. Y la manera de invocarlos, para llegar a sus regiones.

18. Y os daré el misterio del decimotercer eón y el modo de invocarlo para alcanzar sus regiones.

19. Y os daré el misterio del bautismo de los que pertenecen al medio, y la forma de invocarlos, para llegar a su región.

20. Y os comunicaré el misterio de los que pertenecen a la derecha, que es nuestra región, y la manera de invocarlos, para alcanzarla.

21. Y os daré todo misterio y todo conocimiento, y así seréis llamados los hijos completos que poseen todo conocimiento y están instruidos de todo misterio.

22. Bienaventurados vosotros, entre todos los hombres de la tierra, porque las hojas de la luz han venido en vuestra edad.

LIV

Jesús habla de los demonios a sus discípulos

1. Y Jesús continuó su discurso y dijo: Jeû, el padre de mi padre, tomó trescientos sesenta archones entre los archones de Adamas que no tenían fe en los misterios de la luz.

2. Y los encadenó en las regiones del aire en las que estamos ahora, encima de la esfera.

3. Y estableció sobre ellos cinco grandes archones, que son los que están en el camino del medio, que se llama Paraplez.

4. Y es un archón que tiene la figura de una mujer cuya cabellera baja hasta sus pies.

5. Y hay bajo su dirección veinticinco archidemonios.

6. Y éstos son los jefes de otros muchos demonios y estos demonios son los que entran en los hombres.

7. Para que se entreguen a la cólera y a las malas acciones, y son los que se apoderan de las almas de los pecadores y los atormentan con el humo de sus tinieblas y con sus suplicios.

8. Y María dijo: Perdona que te pregunte, Señor, y no te incomodes por mi afán de saberlo todo.

9. Y Jesús dijo: Pregunta lo que quieras.

10. Y María dijo: Señor, revélanos cómo los demonios se apoderan de las almas, para que mis hermanos lo sepan también.

11. Y Jesús dijo: El padre de mi padre, que es Jeû, y es el que vigila a todos los archones y a los dioses, y a todas las potencias hechas de la materia de la luz, y Melquisedec, enviado de todas las luces que purifican entre los archones, los conducen al tesoro de la luz.

12. Porque ellos son dos grandes luces y su misión es ésta: Descendiendo hacia los archones, se purifican en ellos, y Melquidesec separa la parte de luz que ha purificado entre los archones para llevarla al tesoro de la luz.

13. Y pasarán ciento treinta y tres años y nueve meses en los tormentos de ese lugar.

14. Y después de ese tiempo, cuando la esfera del menor Sabaoth, Dios, se vuelva hacia el primer eón de la esfera que se llama Afrodita y llegue a la séptima figura de la esfera, que es la luz, será entregada a los satélites que están entre los que pertenecen a la izquierda y a la derecha.

15. Y el gran Sabaoth, el bueno, soberano de todo el mundo y de toda la esfera, mirará desde lo alto a las almas que están en tormento y las enviará otra vez a la esfera.

16. Y Jesús siguió hablando y dijo: El segundo lugar es el que se llama Arioith, la Etiópica, que es un archón hembra negro.

17. Y tiene bajo sí catorce demonios y está sobre otros muchos demonios.

Pistis Sophia

18. Y estos demonios que están bajo Arioith la Etiópica son los que hacen a los hombres incendiarios, y los que los incitan a combatir, para que cometan muertes.

19. Y endurecen los corazones de los hombres para que cometan homicidios.

20. Y las almas sometidas a este grado estarán ciento trece años en su región y serán atormentadas por su humo y por su ardor.

21. Y cuando gire la esfera vendrá el menor Sabaoth, el bueno, a quien se llama en el mundo Zeus.

22. Y cuando llegue a la cuarta esfera de los eones, y cuando llegue Afrodita, para que venga a la sexta esfera de los eones, que se llama Capricornio, será entregada a los que están entre los que pertenecen a la izquierda y a la derecha.

23. Y Jeû mirará a la derecha, para que el mundo se agite, así como los eones de todas las esferas.

24. Y mirará el lugar en que habita Arioith la Etiópica.

25. Y todas sus regiones serán deshechas y todas las almas que padecen sus tormentos serán sacadas de ellos.

26. Y serán arrojadas otra vez a la esfera, para que perezcan en su humareda oscura y en su ardor.

LV

Jesús sigue describiendo los diversos tormentos a que se verán sometidas las almas

1. Y Jesús continuó y dijo: El tercer rango se denomina Hécate, y está dotado de tres rostros, y tiene bajo sí veintisiete demonios.

2. Y éstos son los que entran en los hombres para incitarlos al perjurio y a la mentira y a desear lo que no poseen.

3. Y las almas que caigan en poder de Hécate serán entregadas a sus demonios para que las atormenten con su ardor.

4. Y durante ciento quince años y seis meses, las atormentarán, haciéndolas sufrir terribles suplicios.

5. Y cuando la esfera gire para que llegue el buen Sabaoth, el menor, que pertenece al medio y se llama Zeus en el mundo, y para que llegue a la octava esfera de los eones que se llama Escorpión.

6. Y para que Bombastis, que se llama Afrodita, llegue a la segunda esfera denominada Tauro, se correrán los velos de los que pertenecen a la izquierda y a la derecha.

7. Y el pontífice Melquisedec mirará desde arriba para que se conmuevan la tierra y las montañas.

8. Y los archones serán tumbados, y mirará a todas las regiones de Hécate, para que sean disueltas, a fin de que perezcan y de que las almas que hay en ellas sean

arrojadas otra vez a la esfera y sucumban al ardor de sus tormentos.

9. Y Jesús, siguiendo, dijo: El cuarto rango se llama Tifón.

10. Y es un potente archón bajo cuyo dominio se encuentran treinta y dos demonios.

11. Y éstos son los que entran en los hombres para incitarlos a la impureza y al adulterio y a ocuparse sin cesar en las obras de la carne.

12. Y las almas que este archón tenga bajo su poder pasarán ciento treinta y ocho años en sus regiones.

13. Y los demonios que están bajo él las atormentarán con su ardor.

14. Y cuando gire la esfera para que llegue el menor Sabaoth, que pertenece al medio y que se llama Zeus, y cuando llegue a la novena esfera de los eones que pertenecen al medio y se llaman Dozotheu y Bombastis, y en el mundo Afrodita, llegará un tercer eón al que se llama los gemelos.

15. Y serán corridos los velos que hay entre los que pertenecen a la izquierda y a la derecha, y el poderoso archón que se llama Zaraxax.

16. Y mirará a la morada de Tifón, para que sus regiones sean destruidas.

17. Y para que las almas sometidas a sus tormentos sean arrojadas a la esfera, para que sucumban en su ardor.

Los Evangelios Gnósticos

18. Y el quinto rango pertenece al archón llamado Jachtanubus.

19. Y es un potente archón que tiene bajo sí muchos demonios.

20. Y éstos son los que entran en los hombres para que cometan injusticias y favorezcan a los pecadores.

21. Y para que reciban regalos y hagan juicios inicuos, sin cuidarse de los pobres.

22. Y si no hacen penitencia, antes que sus almas dejen sus cuerpos, caerán en poder de este archón.

23. Y las almas que este archón posea serán entregadas a los suplicios durante ciento cincuenta años y ocho meses, y sufrirán sumamente por el ardor de sus llamas.

24. Y cuando gire la esfera para que llegue el buen Sabaoth, el menor, que llaman en el mundo Zeus, y llegue a la oncena esfera de los eones y llegue Afrodita a la quinta esfera de los eones, se correrán los velos que hay entre los que pertenecen a la izquierda y a la derecha.

25. Y el gran Ino, el bueno, mirará desde las regiones superiores, las regiones de Jachtanabus.

26. Para que sus regiones sean destruidas y para que las almas sometidas a sus tormentos sean arrojadas a la esfera y perezcan en sus suplicios.

27. Y éstos son los secretos de las rutas del medio, sobre los que me habéis preguntado.

Pistis Sophia

LVI

Jesús hace ver a sus discípulos el fuego, el agua, el vino y la sangre

1. Y cuando los discípulos hubieron oído estas palabras, se prosternaron ante Jesús.

2. Y lo adoraron, diciendo: Ayúdanos, Señor, para librarnos de los terribles tormentos que están reservados a los pecadores.

3. ¡Desgraciados los hijos de los hombres, que van a tientas en las tinieblas y no saben nada!

4. Ten piedad de nosotros, Señor, en la gran ceguera en que estamos.

5. Y ten piedad de toda la raza de los hombres, porque sus enemigos acechan sus almas, como los eones su presa.

6. Porque quieren extraviarlos y hacerlos caer en las regiones de los tormentos.

7. Ten piedad de nosotros, Señor, y líbranos de esta gran turbación del espíritu.

8. Y Jesús contestó a sus discípulos: Tened confianza y no temáis.

9. Dichosos vosotros, porque yo os haré señores de todos los hombres y ellos os serán sumisos.

10. Acordaos de que os he dicho que os daré la llave del reino de los cielos.

11. Y os repito que os la daré.

12. Y cuando Jesús hablaba así, las regiones del camino del medio quedaron ocultas.

13. Y Jesús resplandecía con una luz brillante.

14. Y Jesús dijo a sus discípulos: Aproximaos a mí. Y se aproximaron.

15. Y se volvió hacia los cuatro puntos del horizonte, y pronunció un nombre supremo sobre su cabeza, y les predicó, y les sopló en los ojos.

16. Y Jesús les dijo: Mirad.

17. Y levantaron los ojos, y vieron una luz extraordinaria tal como no la hay en la tierra.

18. Y Jesús dijo: Mirad y ved. ¿Qué veis?

19. Y ellos contestaron: Vemos el fuego, el agua, el vino y la sangre.

20. Y Jesús dijo: En verdad os digo que yo no he traído, al venir al mundo, más que ese fuego, y esa agua, y ese vino, y esa sangre.

21. Porque he traído el agua y el fuego de la región de la luz de las luces.

22. Y he traído el vino y la sangre de las regiones de Barbetis.

23. Y después mi Padre me ha enviado el Espíritu Santo bajo forma de paloma.

24. El fuego, el agua y el vino son para curar todos los pecados del mundo.

25. Y la sangre es para la salvación de los hombres.

26. Y yo la recibí bajo la forma de Barbetis, la gran potencia de Dios.

27. Y el Espíritu atrae a sí todas las almas y las lleva a las regiones de la luz.

28. Y por eso os he dicho que he venido a traer el fuego sobre la tierra, esto es, que venía a castigar con fuego los pecados del mundo.

29. Y por eso dije a la Samaritana: Si tú conoces los dones de Dios, y a aquel que te ha dicho: Dame agua para beber, tú misma le habrías pedido el agua de la vida, para que fuese para ti un manantial constante hasta lo eterno.

30. Y por eso os he dado el cáliz de la vida.

31. Porque es la sangre de la alianza, que será vertida por vosotros, para la remisión de vuestros pecados.

32. Y por eso fue hundida en mi costado una lanza y brotó agua y sangre.

33. Éstos son los misterios de la luz, que remiten los pecados y son los nombres de la luz.

34. Y cuando Jesús hubo dicho esto, todos los poderes siniestros volvieron a sus regiones.

LVII

Jesús hace un sacrificio ante sus discípulos

1. Y Jesús y sus discípulos quedaron sobre la montaña de Galilea.

2. Y los discípulos le dijeron: ¿Cuándo remitirás nuestros pecados y nos harás dignos del reino de tu Padre?

3. Y Jesús dijo: En verdad os digo que no sólo puedo remitiros vuestros pecados y aun haceros dignos del reino de mi Padre.

4. Sino que puedo concederos el poder de perdonar los pecados, para que los que perdonéis en la tierra sean perdonados en los cielos.

5. Y para que lo que atéis en la tierra sea atado en los cielos.

6. Yo os daré el misterio del reino de los cielos para que lo hagáis conocer a los hombres.

7. Y dijo Jesús: Traedme fuego y ramas de palmera.

8. Y le trajeron lo que les pedía. Y Jesús puso un vaso de vino a su derecha y otro a su izquierda.

9. Y colocó la ofrenda delante y puso el cáliz de agua ante el vaso de vino que estaba a la derecha.

10. Y puso el cáliz de vino ante el vaso de vino que estaba a la izquierda.

11. Y alineó los panes en medio de los cálices.

12. Y puso el cáliz de agua junto a los panes.

13. Y Jesús, manteniéndose ante la ofrenda, colocó tras de sí a sus discípulos, que iban todos vestidos de lino.

14. Y tenía en sus manos el sello del nombre del Padre de los tesoros de la luz.

(No hay versículo 15)

16. Y clamó, diciendo: Escuchadme, Padre mío, Padre de todas las paternidades, a quien he elegido para perdonar todos los pecados.

17. Remite los pecados de mis discípulos y purifícalos, para que sean dignos de entrar en el reino de mi Padre.

18. Padre del tesoro de la luz, sé propicio a los que me han seguido y han observado mis mandamientos.

19. Que vengan, Padre de toda paternidad, aquellos que perdonan los pecados.

20. Remitid los pecados y extinguid las faltas de estas almas.

21. Que sean dignas de ser admitidas al reino de mi Padre, Padre de la luz.

22. Porque yo conozco a tus grandes potencias.

23. Y yo las invoco: Aner, Bebiô, Athroni, Heoureph, Heôné, Souphen, Kuitousochreôph, Manônbi, Mnenor, Jonôni, Chôcheteôph, Chôchê, Anêmph, remitid los pecados de estas almas.

24. Extinguid sus faltas, las que han sido hechas con conocimiento y las que han sido hechas sin conocimiento.

25. Que los que participan en esta ofrenda sean dignos de entrar en tu reino, ¡oh mi santo Padre!

26. Y si me oyes, Padre mío, y les perdonas sus pecados, y los consideras dignos de entrar en tu reino, dame un signo.

27. Y el signo fue dado.

LVIII

Los discípulos piden a Jesús que les comunique los últimos misterios

1. Y Jesús dijo a sus discípulos: Regocijaos.

2. Porque vuestros pecados os son remitidos y vuestras faltas borradas, y vosotros sois dignos de entrar en el reino de mi Padre.

3. Y cuando hubo hablado así, los discípulos sintieron una gran alegría.

4. Y dijo Jesús: Este es el misterio que transmitiré a los hombres sinceros y de limpio corazón.

5. Y sus faltas y pecados les serán remitidos hasta el día en que les comuniquéis este misterio.

6. Mas no deis este misterio sino al hombre que siga los preceptos que os he dado.

7. Porque es el misterio del bautismo de los que les perdonan sus pecados y les borran sus faltas.

8. Y porque es el bautismo de la primera ofrenda, que conduce a la región de la verdad y a la región del interior de la luz.

9. Y sus discípulos dijeron: Maestro, revélanos los misterios de la luz de tu Padre.

10. Porque te hemos oído decir: hay un bautismo de humo, y un bautismo del soplo de la luz santa, y hay la unción pneumática, que conduce las almas al tesoro de la luz.

11. Enséñanos esos misterios para que entremos en posesión del reino de tu Padre.

12. Y Jesús les dijo: Ningún misterio hay más grande que el que queréis conocer.

13. Porque conducirá vuestras almas a la luz de las luces y a las regiones de la verdad y la bondad.

14. Y a las regiones del Santo de todos los Santos, y a las regiones en que no hay hombre, ni mujer, ni forma ninguna.

15. Sino sólo una luz constante e inefable, porque no hay nada más sublime que estos misterios que queréis conocer.

16. Porque son los misterios de los siete caminos y las cuarenta y nueve potencias.

17. Y no hay ningún nombre más elevado que el nombre que contiene todos los nombres y todas las luces y todas las potencias.

18. Y al que conozca este nombre, al salir de su cuerpo material, no lo podrán enojar tinieblas, ni archones, ni arcángeles, ni potencias.

19. Porque si dice ese nombre al fuego, se apagará, y si a las tinieblas, desaparecerán.

20. Y si lo dice a los demonios y a los satélites de las tinieblas exteriores, y a los archones y a las potencias de las tinieblas, todos perecerán, para que su llama arda.

21. Y clamarán: Santo eres, santo eres, santo de todos los santos.

22. Y si se dice este nombre a los satélites de los castigos, y a sus dignidades, y a todas sus fuerzas, y a Barbelo, y al Dios invisible, y a los tres dioses de las triples potencias, caerán unos sobre otros.

23. Y serán destruidos, y clamarán: Luz de toda luz de las luces infinitas, acuérdate de nosotros y purifícanos.

24. Y cuando Jesús hubo dicho estas palabras, todos los discípulos lanzaron grandes gritos y sollozaban. (...)

Pistis Sophia

LIX

Jesús explica a sus discípulos los castigos reservados a los maldicientes

1. Y la conducirán al camino del medio para que los archones la atormenten durante seis meses y ocho días.

2. Y cuando la esfera gire, la entregará a sus satélites, para que la arrojen a la esfera de los eones.

3. Y los satélites de la esfera la llevarán hasta el agua del interior de la esfera, para que el fuego la devore y sea grandemente atormentada.

4. Y vendrá Jalukam, el sirviente de Sabaoth Adamas, que da a las almas el cáliz del olvido.

5. Y llevará un cáliz lleno del agua del olvido, para darlo a este alma.

6. Para que beba y olvide todas las regiones que ha recorrido, y sea arrojada al cuerpo que le corresponde, y se aflija constantemente en su corazón.

7. Y María dijo: Señor, el hombre que persevere en la maledicencia, ¿adónde va y cuál es su castigo?

8. Y Jesús dijo: Cuando el que persevera en la maledicencia sale de su cuerpo, Abiuth y Carmon, servidores de Ariel, vienen y están con él tres días enseñándole todas las criaturas del mundo.

90. Y la llevan al infierno y la hacen sufrir tormentos durante once meses y veintiún días.

100. Y luego la llevan al caos, con Jaldabaoth y sus cuarenta y nueve demonios.

11. Para que cada uno de éstos pase en ella once meses y veintiún días, haciéndola sufrir el martirio del humo.

12. Y la sacarán de los ríos de humo y la conducirán a los lagos de fuego para hacerla sufrir durante once meses y veintiún días.

13. Y la llevarán otra vez al camino del medio, para que cada archón la atormente haciéndola sufrir sus suplicios durante once meses y veintiún días.

14. Y la llevarán al templo de la luz, donde se hace la separación de los justos y de los pecadores.

15. Y cuando gire la esfera la entregarán a sus satélites, para que la arrojen a la esfera de los eones.

16. Y los satélites de la esfera la conducirán al agua del interior de la esfera, para que el humo la devore y sea grandemente atormentada.

17. Y Jaluham, sirviente de Sabaoth Adamas, dará a esta alma el agua del olvido, para que olvide las regiones que ha atravesado.

LX

Jesús explica los castigos reservados a los ladrones y a los homicidas

1. Y María dijo: ¡Malhaya los pecadores!

2. Y Salomé dijo: Señor, ¿qué castigo tiene un homicida que no haya cometido más que ese homicidio?

3. Y dijo Jesús: Cuando un homicida que no haya cometido otro pecado deja su cuerpo, los satélites de Jaldabaoth lo entregan a un gran demonio en forma de caballo, para que durante tres días corra con ella por el mundo.

4. Y la llevarán a lugares llenos de nieve y hielo, para que esté allí tres años y seis meses.

5. Y la conducirán luego al caos, hacia los cuarenta y nueve demonios de Jaldabaoth, para que cada uno la atormente tres años y seis meses.

6. Y la llevarán luego a Proserpina, para que la atormente durante tres años y seis meses.

7. Y la conducirán a la vía del medio, para que cada archón la haga sufrir los suplicios de sus regiones durante tres años y seis meses.

8. Y la conducirán a la región de la luz, donde se hace la separación de los justos y de los pecadores.

9. Y cuando gire la esfera, será arrojada en las tinieblas exteriores, hasta que, levantándose las tinieblas del medio, sea disuelta.

10. Y éste es el castigo del que mata.

11. Y Pedro dijo: Señor, tú has contestado a la pregunta de las mujeres.

12. Y también nosotros te queremos interrogar.

13. Y Jesús dijo a María y a las mujeres: Dejad sitio a vuestros hermanos.

14. Y Pedro dijo: Señor, ¿cuál es el castigo de un ladrón que persevera en su pecado?

15. Y Jesús dijo: Cuando su tiempo sea cumplido, los sirvientes de Adonis vendrán a él.

16. Y lo sacarán de su cuerpo y lo harán recorrer el mundo durante tres días, mostrándole sus criaturas.

17. Y lo llevarán al infierno, y lo harán sufrir los suplicios durante tres meses, ocho días y dos horas.

18. Y lo llevarán a los demonios de Caldauoth, para que cada uno lo atormente tres meses, ocho días y dos horas.

19. Y lo llevarán a los archones del medio, para que cada uno lo atormente tres meses, ocho días y dos horas.

20. Y lo llevarán a la virgen de la luz, donde son separados los justos de los pecadores, y cuando la esfera gire, será entregado a los eones de la esfera.

21. Y ellos lo conducirán al agua del interior de la esfera y lo harán sufrir grandes tormentos.

22. Y vendrá Jaluham, y le dará el cáliz del olvido, y lo hará olvidar cuanto ha visto, y entrará en el cuerpo de un cojo, ciego y lisiado.

23. Y éste es el castigo del ladrón.

LXI

Castigo de los soberbios y de los blasfemos

1. Y Andrés dijo: ¿Qué castigo sufrirá el soberbio?

2. Y Jesús respondió: Cuando su tiempo se cumpla, los satélites de Ariel llevarán su alma durante tres días y la harán ver las criaturas del universo.

3. Y la llevarán al infierno y será atormentada durante veinte meses.

4. Y la llevarán a Jaldabaoth, y a sus cuarenta y nueve demonios, para que cada uno la atormente veinte meses.

5. Y la llevarán al camino del medio, para que cada archón la atormente otros veinte meses.

6. Y la llevarán a la virgen de la luz, para separarla, y cuando la esfera gire, será arrojada a los eones de la esfera.

7. Y será llevada al agua del interior de la esfera y su humo la atormentará.

8. Y Jaluham le dará el agua del olvido, para que olvide cuanto ha visto.

9. Y será arrojada en un cuerpo (...), para que todos la desprecien.

10. Y éste es el castigo del hombre soberbio.

11. Y Tomás dijo: ¿Qué castigo sufre el hombre que constantemente blasfema?

12. Y Jesús dijo: Cuando su tiempo se haya cumplido, los satélites de Jaldabaoth llegarán a él, y lo atarán por la lengua a un gran demonio en forma de caballo, que lo hará recorrer durante tres días el mundo, atormentándolo.

13. Y lo llevarán a un lugar lleno de nieve y frío, para atormentarlo durante once años.

14. Y lo llevarán al caos de Jaldabaoth y de sus cuarenta y nueve demonios, para que cada uno lo atormente durante once años.

15. Y lo conducirán a las tinieblas exteriores hasta que sea entregada al gran archón en figura de dragón que recorre las tinieblas.

16. Y esta alma será dejada en las tinieblas para que perezca.

17. Porque tal es el castigo del blasfemo.

LXII

Bartolomé, Tomás y Juan hacen preguntas a Jesús

1. Y Bartolomé dijo: ¿Qué pena sufre el hombre que peca contra natura?

2. Y dijo Jesús: El castigo de este hombre es igual que el del blasfemo.

3. Y cuando su tiempo se cumpla, los satélites de Jaldabaoth llevarán su alma hacia los cuarenta y nueve demonios, para que cada uno la atormente once años.

4. Y la llevarán a ríos de humo y a lagos de pez hirviente, llenos de demonios, y será atormentada aquí durante once años.

5. Y luego la llevarán a las tinieblas exteriores hasta el día del juicio.

6. Y será separada y hundida en las tinieblas exteriores, para que perezca.

7. Y Tomás dijo: Hemos sabido que hay hombres que comen hostias hechas con semen de hombre y sangre menstrual de mujer.

8. Y dicen: Confiamos en Erán y en Jacob. ¿Es esto lícito?

9. Y Jesús, en este momento, tuvo gran cólera contra el mundo.

10. Y dijo a Tomás: En verdad os digo que ningún pecado puede superar a éste.

11. Y los que lo cometan serán conducidos a las tinieblas exteriores.

12. Y no serán vueltos a traer a las esferas, sino que perecerán en las tinieblas exteriores, en un lugar donde no hay luz ni misericordia, sino llanto y rechinar de dientes.

13. Porque todas las almas que sean conducidas a las tinieblas exteriores perecerán.

14. Y Juan dijo: ¿Qué será del hombre que no ha cometido pecado, mas no ha encontrado los misterios?

15. Y Jesús dijo: Cuando el tiempo de este hombre se haya cumplido, los servidores de Bainchôôôch, que es uno de los tres poderes divinos, vendrán por su alma y la conducirán a la alegría.

16. Y recorrerán con ella el mundo durante tres días, para mostrarle en gozo a todas las criaturas del mundo.

17. Y la llevarán al infierno para mostrarle sus suplicios, mas no se los harán sufrir.

18. Pero el vapor de la llama de los tormentos la rozará.

19. Y la llevarán a la vía del medio, para mostrarle los tormentos, y el vapor de la llama la rozará.

20. Y la conducirán a la virgen de la luz, y será colocada ante el buen Sabaoth, el menor, que pertenece al medio.

Pistis Sophia

21. Hasta que la esfera gire y Zeus y Afrodita vengan bajo la forma de la virgen de la luz.

22. Y Cronos y Aries vendrán con ella.

23. Y el alma de este justo será entregada a los satélites de Sabaoth y la llevarán a los eones de la esfera, para que la conduzcan al agua del interior de la esfera.

24. Para que su humo ardiente entre en ella y la con- suma y la haga sufrir grandes tormentos.

25. Y Jaluham, el que da a las almas el cáliz del olvido, vendrá y le hará beber el agua del olvido, para que olvide todo lo que ha visto.

26. Y después el sirviente de Sabaoth el menor, el bueno, traerá un vaso lleno de prudencia y sabiduría, y en el que está la aflicción.

27. Y lo hará beber a esta alma y será colocada en un cuerpo donde no podrá dormir, pero podrá olvidar, por el brebaje de aflicción que se le ha dado.

28. Y su corazón se purificará, a fin de que pueda buscar los misterios de la luz, hasta que los encuentre, según la orden de la virgen de la luz, y para que entre en posesión de la luz eterna.

LXIII

Postrera invocación de los discípulos

1. Y María dijo: Un hombre que haya cometido un pecado o una falta cualquiera, y no encuentre los misterios de la luz, ¿será sometido a la vez a esos diversos suplicios?

2. Y Jesús dijo: Los sufrirá. Y si ha cometido tres pecados, sufrirá tres castigos.

3. Y Juan dijo: ¿Puede salvarse un hombre que haya cometido todos los pecados y todas las faltas si encuentra al fin los misterios de la luz?

4. Y Jesús dijo: El que haya cometido todos los pecados y todas las faltas y encuentre al fin los misterios de la luz será perdonado de todos sus pecados y faltas, y entrará en posesión de los tesoros de la luz.

5. Y Jesús dijo a sus discípulos: Cuando la esfera gire y sea mudada, de manera que Cronos y Aries lleguen junto a la virgen de la luz, y Zeus y Afrodita lleguen a la virgen, girando en sus órbitas, éste será un día de gozo, al ver estas dos estrellas de luz ante ella.

6. Y en este instante las almas de las que ella puebla los círculos de las esferas de los eones, para que vengan al mundo, serán buenas y justas.

7. Y se convertirán en los misterios de la luz, hasta que sean enviadas otra vez a descubrir los misterios de la luz.

8. Y si Aries y Cronos llegan a la virgen, dejando tras ella a Júpiter y Afrodita, para que no los vea, las almas que

Pistis Sophia

en este momento sean lanzadas a la esfera serán propensas a la cólera, y perversas, y no descubrirán los misterios de la luz.

9. Y cuando Jesús hubo hablado así a sus discípulos en medio del infierno, ellos clamaron.

10. Y dijeron, llorando: Malhaya, malhaya los pecadores que sufren el olvido y la indiferencia de los archones hasta que salen de sus cuerpos para sufrir estos tormentos.

11. Ten piedad de nosotros, hijo del santo, ten piedad de nosotros, para que seamos preservados de los castigos y de los suplicios reservados a los pecadores. Ten piedad de nosotros, aunque hayamos pecado, Señor nuestro y luz nuestra.

Índice

Introducción	7
EL LIBRO SECRETO DE SANTIAGO	13
El Libro Secreto de Santiago	13
EL EVANGELIO DE LA VERDAD	21
Su autor	22
El Evangelio de la Verdad	23
EL EVANGELIO SEGÚN TOMÁS	41
El Evangelio según Tomás	44
EL LIBRO DE TOMÁS	65
El Libro de Tomás. Enseñanzas Secretas del Salvador	66
EL EVANGELIO SEGÚN FELIPE	73
Evangelio según Felipe	74
LA HIPÓSTASIS DE LOS ARCONTES	105
La Hipóstasis de los Arcontes.	
La realidad de las potestades	105
El Arconte	106

del hombre terrenal	106
... del hombre psíquico	107
del hombre espiritual	107
... el Paraíso	108
... razas humanas	110
...vio	111
...velador	111
...igen de la materia	112
...ran arconte	113
...arconte Sabaoth	114
...origen de la muerte	114
...l Salvador	115
EVANGELIO DE LOS EGIPCIOS	117
El Evangelio de los Egipcios	118
PISTIS-SOPHÍA	133